日本の植民地支配

肯定・賛美論を検証する

水野直樹・藤永壮・駒込武 編

表紙デザイン＝荒木洋子

表紙写真＝右は朝鮮総督府庁舎，左は台湾総督府庁舎

ブックレット No. 552

はじめに

日本による植民地支配の歴史をめぐっては、近年さまざまな議論がなされている。「慰安婦問題」「戦後補償問題」「教科書問題」などは社会的にも注目を集めたが、それらにとどまらず植民地支配に関わる数多くの問題が人々の関心をひいている。

現在に至る日本の歩みを肯定しようという立場からは、植民地支配を賛美し合理化する言説が流されている。二〇〇二年度から中学校で使用される社会科教科書で「新しい歴史教科書をつくる会」の歴史・公民教科書(扶桑社)は、ほとんど採用されないこととなった。しかし、既存教科書への批判を先導した自由主義史観研究会の『教科書が教えない歴史』や、扶桑社版教科書の執筆者の一人でもある小林よしのり氏の『台湾論』などはベストセラーになって大量に流通しており、そこではあからさまな植民地支配賛美・肯定論が主張されている。

このような状況を見ると、肯定・賛美論を検証・批判し、歴史研究者の見解を示した手ごろな文献を広く提供する必要性を感じざるを得ない。本書を企画・編集した理由である。

植民地支配肯定・賛美論は、表面的な事実だけでものごとを評価したり、事実を一面的・自国中心主義的に解釈したりすることで成り立っている場合が多い。それらに対しては、事実解明とその解釈の両面で条理を尽くした批判がなされねばならないが、本書ではむしろ歴史の多面的な見方を示すことによって、表面的・一面的な歴史認識にもとづく肯定・賛美論の誤りを指摘することに力点を置くことにした。本書は、従来の研究にもとづいて記述している部分が多いが、これまでの研究では触れられていない点、充分に整理されていなかった点にも配慮している。

肯定・賛美論が例外なく「歯切れのよい」論調であるのに対して、本書には「歯切れの悪い」内容が含まれているかもしれない。しかし、歴史的事実には多面的な性格があり、歴史の真実に忠実であろうとすれば、ある種の「歯切れの悪さ」を抱え込まざるを得ないということを私たちは大切にしたいと思う。肯定・賛美論に関わる基本的な論点は、本書でほぼ取り上げることができたのではないかと考えている。ただし、本来ならば日本の支配地域全体を視野に入れた論述をすべきであるが、現在の研究水準からも、また紙数の関係からも、朝鮮と台湾に限定することとし、サハリン南部、関東州(租借地)、南洋群島(委任統治領)あるいは傀儡《かいらい》国家としての「満洲国」や占領地の問題は、扱っていない。また、肯定・賛美論を検証するという角度から執筆しているために、抗日運動の展開など本来ならば中心的にとりあげるべきテーマについて簡単にしか言及できていないこともお断りしておく。

いくつかの項目については編者以外の方に執筆を依頼した。私たちの意図をくんで快く引き受けていただいたことに感謝の意を表したい。なお、紙幅の関係などから引用・参照した文献は、巻末にまとめ本文中では原則として著者名・筆者名だけを記した。

二一世紀の東アジアに真の意味での新たな交流と友好の関係を築いていくために、本書がいささかでも役に立つことができれば幸いである。

二〇〇一年一〇月一七日

水野直樹・藤永壯・駒込武

Q1 朝鮮の伝統社会は停滞していたのか?

「朝鮮の社会は甚しく後《おく》れてゐた。制度文物のみならず、思考様式そのものが停滞してゐたのである。朝鮮国民にとつて、近代化即ち悪なのであつた。朝鮮社会上下に遍《あまね》く弥漫《びまん》したこの硬直した思想が、どんなに朝鮮の近代化を妨げる結果になつたかは測り知れないものがある」(中村粲、一二六頁)。

朝鮮の伝統社会が落伍、停滞していたと述べるこのような主張は、かつて「停滞論」とよばれ、日本の植民地支配を合理化するための論理として用いられてきた。「後進国」朝鮮は「先進国」である日本の「指導」を受けるべき存在とみなされ、朝鮮の「近代化」は日本の植民地経営の「成果」として讃えられたのである。

しかし戦後になって新たな歴史研究の成果が蓄積されるにともない、朝鮮社会のたどった歴史発展の様相もしだいに明らかにされてきた。朝鮮王朝時代の後期から近代に至る時期にかけて、空理空論に陥った朱子学を批判して登場した実学(実証性と合理性を備えた現実有用の学問)が近代的改革をめざす開化思想の形成を準備したこと、農民の商業的生産・経営や商品貨幣経済に一定の進展が見られたこと、伝統的な身分制度が解体に向かっていたこと、権力の横暴に反発して発生する農民反乱が徐々に社会変革の力量を蓄えていったこと、などが実証されたのである。

それぞれの社会が向かおうとした「近代」の姿は一様ではない。日本人はしばしば朝鮮社会に対する表面的な観察からその「後れ」を指摘してきたが、その多くは西洋文明を受容した日本の

「近代」という基準にとらわれていた。西洋文明をモデルにした「近代化」の度合いだけ取り出せば、確かに日本と朝鮮との間にタイム・ラグは存在したが、それだけが「近代」の姿ではないし、日本社会と朝鮮社会の発展段階の優劣を簡単に比較できるものでもないだろう。先の引用文の叙述は「近代」自体の意味を問い直す視点を欠落させた、旧態依然の朝鮮観にもとづくものと言わなければならない。

ところで日本と朝鮮の「近代」的発展を阻害しようとした外的要因＝外圧については、ある程度、比較・検討することが可能である。一九世紀後半に東アジア三国が欧米諸国と結んだ通商条約の不平等性は、朝鮮でもっとも強く、中国（清）がこれに次ぎ、日本は最も弱かった（李炳天）。とくに朝鮮の場合、一八七六年の開国後に直接、外圧として立ちはだかったのは、欧米諸国よりもむしろ隣国の日本と清であった。つまり「変革途上の朝鮮はいわば二重の外圧に直面したのであり、これは日本・中国が直面した外圧と質・量とも根本的に異なっていた」（梶村秀樹、七三頁）のである。朝鮮社会は「近代」の幕開けにあたって、日本とは性格の異なる大きな困難さを背負わされていたのである。

なお当時の朝鮮国王・高宗《コジョン》（在位一八六三〜一九〇七年）や、開国前夜から日清戦争（一八九四〜九五年）直前まで政権の座にあった王妃一族中心の閔氏《ミンシ》政権について、従来は無能という評価が一般的であったが、最近韓国の学界ではこれらに対して肯定的に再評価しようとする動きがあることも付け加えておきたい（延甲洙、李泰鎮）。

（藤永壮）

Q2　日本の植民地支配は「未開瘴癘」の台湾に「文明」をもたらしたのか?

外来の支配者が新しい地域を支配するようになる時、それ以前を「暗黒」な時代として描くことは、かなり普遍的にみられる現象である。日本の台湾統治に関しても、例外ではない。台湾総督府の編纂した修身教科書では、台湾領有戦争のさなかに没した能久《よしひさ》親王に関する教材で、能久親王が来る前は鉄道も水道もなく「只色々のわるい病気がはやるばかり」だったが、能久親王が「わるい者」たちを鎮めて以後は「今のやうに便利」になった。これも「能久親王様が御身《おんみ》を棄て、台湾の為に骨を折つてくださつた」からであると説明している(『公学校修身書　教師用書』巻二第一〇課、一九二八年)。このように日本の統治以前は、鉄道も水道もなく「色々のわるい病気がはやるばかり」という「未開瘴癘《しょうれい》」の地だったというイメージが教科書を通じて宣伝されていた。

この「未開瘴癘」の地に忽然と「文明」の光が射したという「神話」は、植民地期に語られたばかりではなく、今日においても形を変えながら再生産されている。たとえば、小林よしのり『台湾論』では日本による領有以前の状況について「台湾の飲料水は不衛生で病原菌の温床だった」「それまで台湾には道らしい道もなく川に橋もなかった」と記し、水道や鉄道・道路が整備された日本時代の「明」と清朝時代の「暗」とを対比的に描いている(一三六、一三八頁)。

ここで注意すべきことは、「光」としての「文明」がもっぱら日本人によってもたらされたものとして描かれていることである。しかし、「文明」は決して日本人の専売特許ではなかった。

水道にしても鉄道にしても、欧米から日本にもたらされたものであった。しかも、台湾の人々は独自に欧米から「文明」を吸収しようとしてもいた。

一八八六年に台湾省巡撫《じゅんぶ》となった劉銘伝《リウミンチュアン》は、基隆—新竹間に鉄道を敷設し、さらに租税制度の整備や鉱山開発を進めた。清朝内部の対立や欧米人商人による干渉もあって劉銘伝の洋務運動は中途で挫折を余儀なくされたが、台湾総督府による鉄道敷設などの事業が洋務運動の一部を流用する形で実現されたことを見落とすべきではない。しかも、総督府による「文明」の導入を支えた主要な財源は樟脳・食塩・アヘン専売による収入であり、台湾の人々に大きな負担を課すものであった。漸禁政策の名の下に免許制度を布いたアヘンについては、日露戦争期に専売収入を増加させるために強引に免許保持者を増やすこともされた。台湾人は、このように総督府が独占事業としてアヘン生産・販売を行うことを「台湾人毒殺政策」として批判している。

さらに、何が「文明」であり、何が「未開」であるのか、ということも考えなくてはならない。鉄道敷設や水道の普及を「文明」のメルクマールとするならば、植民地期にその整備がさらに進められたことは確かである。しかし、自由・平等の原理にもとづく政治制度を「文明」のメルクマールとするならば、日本の植民地支配は「文明」からほど遠いものであったと評さざるをえない。一九一三年に辛亥革命と連動しながら台湾島内で抗日武装蜂起を企図した羅福星《ルオフーシン》は、死刑にされる直前に記した文章で「余が既往の行《おこない》は総《すべ》て是れ自由平等の権利を行ひしに過ぎず……汝等野蛮国を脱して文明の国を樹《た》てんと欲する美挙なり」と述べている。

（駒込武）

Q3　朝鮮は清国に服属していたのか?

前近代の東アジア世界では中国を中心に、冊封《さくほう》体制(または朝貢体制)とよばれる国際関係が形づくられていた。それは簡単にいえば、中国の皇帝が周辺諸国の君主に「王」という称号を与え(冊封)、冊封を受けた国王は使節を派遣して皇帝に貢物を献上(朝貢)する仕組みのことである。

冊封体制のもとで各国の王は中国皇帝の臣下として扱われ、中国は宗主国、周辺諸国は朝貢国――属邦、藩属国などともよばれる――という立場で国家間の関係が結ばれた。そこには中国皇帝が、朝貢国の王に対して支配領域での統治の正当性を権威づけるという側面もあった。また貢物への返礼として皇帝が莫大な下賜品を与えたことは、一種の物々交換(バーター貿易)としての意味をもち、朝貢使節に同行した商人たちによる特産物の取引も活発に行われていた。このように朝貢が貿易としての役割を果たしていたことも、近年の研究では注目されている。

冊封体制において、中国と朝貢国との関係が対等でなかったことは明らかであるが、重要なことは、中国が朝貢国に対して内政不干渉の原則をとっていた点である。したがって宗主国・朝貢国の関係を、あたかも近代以降の植民地統治になぞらえて、支配・被支配の関係として理解することは誤りである。

しかし日本の朝鮮支配を正当化しようとする立場からは、こうした事実は歪められ、朝貢国であった朝鮮の自主性を、必要以上におとしめる言説が横行している。たとえば「中華帝国と朝鮮半島との関係は、有史以来、外藩というよりも代表的な属国・藩属である。とくに清帝国の時代には、李朝の地位が清帝国の奴隷というよりも、奴隷のまた奴隷であった」（黄文雄、四一頁）といった記述である。

中国東北地方出身の女真族の王朝である清朝が、出身地に隣接する朝鮮との朝貢関係をきわめて重視していたことは事実である。また清が朝鮮の内政に干渉した事例が全くないわけではない。代表的なものとして、一八八二年の壬午軍乱後に清軍が朝鮮国王の父・興宣大院君《フンソンテウオングン》を拉致した事件、一八八四年の甲申政変以後、朝鮮に派遣された袁世凱《ユワンシーカイ》が絶大な権力をふるった例がある。

しかし、これらの背後には、アヘン戦争（一八四〇〜四二年）敗北後、清が西洋諸国の侵略に苦しみながら近代化を進めていたという事情があった。東アジアの伝統的な冊封体制が、近代的な世界資本主義体制に組み込まれ解体に至る途上で、清は最も重要な朝貢国である朝鮮との関係を、支配・被支配の関係へと変質させようとしたのである。

一六世紀半ば、日本にあらわれた朝鮮蔑視論は「日本が古来独立を保っているのに対し、朝鮮は中国・日本に服属していたこと」を根拠の一つとしていたという（荒野泰典、一二〇頁）。このような見方は江戸時代中期の国学の朝鮮観から、幕末の朝鮮侵略論、明治初期の征韓論を経て、近代日本の朝鮮認識に深く根を下ろすことになった。

伝統的な宗主国・朝貢国の関係を、支配・被支配の関係として単純化する見方は、歴史的事実を歪めるだけでなく、朝鮮独自の歴史発展の道筋を否定し、日本の植民地支配を正当化する議論に直結しているのである。

（藤永壯）

Q4　韓国「併合」は国際情勢から見てやむを得ない選択だったのか?

近代日本は大国ロシアの脅威にさらされており、ロシアに隣の朝鮮半島を制せられたら、日本は窮地に立つ。日本が朝鮮を「併合」しなければ、ロシアがとっただろう——こういう説明が同時代にも存在し、今日もそれにとらわれている人々がいる。検討してみよう。

列国と朝鮮の国交関係は一八七〇年代にはじまる。日本が最初で七六年、ロシアは遅れて八四年に朝鮮と修好通商条約を結んだ。当時、朝鮮は清国の影響下にあったので、清・日・露三国が問題となるが、日本から見ると、ロシアの力は圧倒的な印象を与えた。この段階で日本政府の一部には朝鮮中立化の構想が生まれた。ロシアの動きを制止するために、外務卿井上毅《こわし》は八二年、日・清・米・英・独の五カ国で朝鮮の中立国の地位を保障するという構想を立てた。九〇年にシベリア鉄道敷設の噂が出ると、対露警戒心が高まるなかで、首相山県有朋がふたたび朝鮮中立論を出す。これも日・清・米・英の合意で進めるという話である。中立化とはいっても、中身は朝鮮をロシアから保護し、日本の影響下におくという案だった。

日清戦争で日本が清国を朝鮮から追い、正面に登場する。となると、朝鮮の王室がロシアに支持をもとめることになったのは自然である。政治の実権をにぎる高宗《コジョン》の妃、閔妃《ミンビ》が親ロシア政策をとると、日本の公使三浦梧楼が中心となって、閔妃の殺害を策した。一八九五年一〇月に行われた皇后殺害のテロリズムは日朝関係を基本的に決定するものとなった。憤激した高宗は翌九六年二月、ロシア公使館に逃げ込むという極限的な行為をとったのである。日本の行為によって、日本と朝鮮のあいだに不平等であっても、平和的な協力関係をつくることは不可能になったと言える。

ロシアは朝鮮皇帝に懐に飛び込まれたのだが、日本に対抗して朝鮮をわがものにしようという国策はとれなかった。たしかに一八九六年には朝鮮に軍事教官が派遣され、ロシア人が財政顧問、関税長に任命され、露韓銀行もできた。しかし、そこまでである。翌九七年にはロシアの関心は旅順の租借に傾いた。他方、日本は日清戦争に勝ったあとは、ますます力をつけて、ロシアの動きを抑えつつ、朝鮮をにぎるために手を打っていった。

世紀が変わると、ロシアは義和団事件の対応のなかで満洲（中国東北部）を占領する。しかし同時に、ロシア国内では帝国の矛盾が露呈してくることになった。今度はロシアが日本をおさえるために朝鮮中立化提案を出すが、日本が受けつけない。日本のなかでは内田良平などの国粋派は『露西亜亡国論』（一九〇一年）を出して、ロシア帝国の命運はつきた、ロシアを攻めて革命を促進しようとよびかけていた。もはやロシアは恐れるにたらずという勢いである。

ロシアの大勢はウィッテ蔵相もラムスドルフ外相もクロパトキン陸相も慎重で、日本を刺激して戦争になることを回避するという考えであった。国内の革命的危機を考えれば、当然のことだった。しかし、であればこそ右翼国粋派の冒険主義も生まれた。元近衛士官のベゾブラーゾフは日本に譲歩することが屈辱だと考え、民間の商人がえた鴨緑江、豆満江一帯の木材利権を皇帝下賜金で買い上げ、これを手がかりに極東経営の最前線をつくろうとニコライ皇帝にもちかけた。皇帝はこれに傾いた。いわゆる東アジア産業会社構想である。

この会社は一九〇三年にいたり活動をはじめ、伐採場に警備隊が派遣された。三月二六日には特別審議会が開かれた。鴨緑江利権は朝鮮にロシアが影響をもち、日本の勢力拡大をくいとめるのに意味があるというアバーザ海軍中将の意見書を検討した。プレーヴェ内相をのぞく全大臣が反対し、ベゾブラーゾフ派の計画にブレーキをかける結論となった。

しかし、五月七日にはふたたび特別審議会が開かれ、今度はベゾブラーゾフ本人も出席した。彼らの上奏には、「譲歩政策」は国の威信を傷つけるものであるから、満洲から撤兵するな、軍隊を補強せよ、極東に太守制を設置せよという内容が盛り込まれていた。蔵相、外相は反対したが、皇帝の支持で、鴨緑江木材利権への国庫資金援助を無制限とし、会社の活動は国家的利益にこたえる広範なものとする、監督は関東州長官アレクセーエフに委ねることが決められた。満洲についても、撤兵せずに増強する、安全確保のために朝鮮に立場をかためるとの方針が採択された。冒険主義の勝利である。

こんどは巻き返したのはクロパトキン陸相だった。六月に旅順でクロパトキン、アレクセーエフ、ベゾブラーゾフらの会議が開かれた。ロシアは朝鮮を占領することはしない、日本による南部朝鮮占領はありうるが、これに対してロシアは抗議にとどめるべきだ、日本を刺激しないように鴨緑江事業に純商業的な性格のみを付与することが決められた。これは、ベゾブラーゾフ路線の敗北だった。

だが、皇帝は部分的に対日強硬路線を残し、七月にはアレクセーエフを極東太守に任命し、八月にウィッテ蔵相を解任した。それでも秋にはベゾブラーゾフも退けられて国外へ去り、一一月に龍岩浦現地を視察した日本公使館員によれば、ロシアの砲台などはできていないことが確認されている。東アジア産業会社構想は一時の夢と終わったのである。

ニコライ皇帝の対日強硬策は、ロシアが朝鮮をとるというものではなく、日本に全朝鮮をとらせないというものであった。そこに韓国皇帝高宗が期待をかけていたのである。

したがって、日露戦争前夜において、日本が朝鮮をとらなければ、ロシアにとられるという状況は存在しなかった。日露戦争の過程で、日本は朝鮮支配を拡大し、ポーツマス講和で、ロシアに朝鮮を自由に処分する権利を認めさせた。戦争が終わるとすぐ朝鮮を保護国化した。外交権を奪い、統監府をおき、一九〇七年には高宗を退位させた。保護国のままでいこうと考えた人もいた。統監伊藤博文もその一人であった。しかし、朝鮮人は保護国とされた屈辱を甘受せず、抵抗した。それを弾圧するなかで、日本は朝鮮を「併合」する方向に進んだのである。

（和田春樹）

Q5 韓国「併合」は「合法」だったのか?

一九一〇年の韓国「併合」(=朝鮮植民地化)に対する現在の日本政府の立場は「韓国併合条約は、当時の国際関係等の歴史的事情の中で法的に有効に締結され、実施されたもの」(一九九五年一〇月五日、参議院本会議における村山富市首相の発言)というものである。しかし韓国「併合」が果たして「合法」といえるのかどうかは、しばしば政治問題として取り上げられ、また今日なお研究者の間でも論争が続いているテーマである。

その論争史については専門の研究書(海野福寿『韓国併合史の研究』)に譲るが、従来とりわけ焦点となってきたのは、「併合」に先立って、日本が当時の大韓帝国を保護国とした一九〇五年の第二次日韓協約(いわゆる乙巳保護条約)が有効であるのかという問題である。

第二次日韓協約はソウルに特使として派遣された伊藤博文が、朝鮮側閣僚を脅迫しながら強制的に「調印」させたものであった。したがって、条約締結当時より、朝鮮民族の立場からは、この条約は国際法上無効であると強く主張されてきた。しかし、近年になって、第二次日韓協約締結過程での「強制」が国家に対するものか、個人としての国家代表者に対するものかは、判断が難しいという国際法学者の見解が提出されている(坂元茂樹「日韓保護条約の効力」)。この点が関心をひくのは、国際法では国家代表者個人を脅迫して結ばせた条約は無効だが、国家それ自体に対して強制された条約(典型的には講和条約など)は合法とみなされるからである。

また一九九〇年代に入って韓国の学者から、「併合」無効論の第二の理由として、第二次日韓協約をはじめ、日露戦争から韓国「併合」に至る過程で結ばれた両国間の一連の条約は、条約としての形式や締結手続きに重大な不備があることが指摘されるようになった（李泰鎮）。その最も重要な論点は、本来、正式条約（批准条約）として締結されるべき内容の諸条約が、批准を必要としない略式条約の形式をとっているというところにある。しかしこの点についても、日本がこの時期に諸外国と結んだ重要な条約のなかには略式条約も多く、第二次日韓協約などが批准条約でなければならない根拠は見いだせないといった反論が出ており、議論は平行線をたどったままである。

ただし「併合」無効論に反対する立場であっても、それはあくまでも「不法」と断定するのは難しいというレベルの議論であり、日本政府の見解のように「法的に有効」であることを積極的に論証しようとするものではない。第二次日韓協約の強引な締結過程やその後の反日義兵闘争の高揚を見れば、植民地化が朝鮮民族の総意に反して強行されたことは明白である。また日本が締結した政治条約が必ずしも批准条約ばかりでなかったとしても、国家の独立を奪い取るような重大な意味をもつ条約を、はたして略式条約の形式で済ませてよいものかという素朴な疑問は残る。

日本の朝鮮植民地支配が「不法」であったかどうかの見解は分かれるものの、それが「不当」なものであったことについて、論者の見解は一致している。「併合」条約が「法的に有効」であったという論理をたてに植民地支配の清算を拒み続けるならば、それは隣人とのよりよい関係構築を妨げるだけであろう。

（藤永壮）

Q6　日本は植民地で政治的・社会的平等を実現しようとしたのか?

日本の植民地支配は現地住民を差別するものではなく、むしろ平等を実現しようとしたものである、つまり朝鮮、台湾の「四国九州化」がその目的であった、と大蔵省(現財務省)が戦後に作成した文献(『日本人の海外活動に関する歴史的調査』第三冊)は書いている。確かに当時の為政者も、「一視同仁」(すべての人に平等に仁愛を施すこと)や「内鮮一体」を統治の基本に掲げ、朝鮮人や台湾人に対する差別をいつまでも維持するわけではないと言明していた。しかし、現実には植民地住民に対する差別の構造がなくなることはなかった。

まず政治的な側面から見てみよう。日本が植民地として支配した台湾と朝鮮には、統治機関として総督府が設けられたが、総督とその下の民政長官・総務長官(台湾)、政務総監(朝鮮)はすべて日本人であった。局長クラスもほぼすべて日本人が独占し、総督府の意思決定に台湾人、朝鮮人が加わることはなかったといってよい。それ以下の職員も、台湾の場合は大多数が日本人であり、旧大韓帝国政府の機関を引き継いで設けられた朝鮮総督府の場合でも、**表1**のように朝鮮人職員の比率は一九三〇年代末まで減少が続いており、特に高い地位の官僚では四〇年代になっても減少している。警察署長や道警務部長には朝鮮人を登用しないという不文律があった(小磯国昭『葛山鴻爪』丸ノ内出版、一九六八年、七五七頁)ことからうかがわれるように、昇進などに関しても差別的な扱いがなされていた。

植民地の法令や予算を審議する権限をもつ植民地議会の設置要求が台湾では強かったが、日本政府はこれを拒絶した。朝鮮では朝鮮人参議で構成された中枢院、台湾では台湾人も加わった台湾総督府評議会が設けられたが、いずれも総督の諮問に応じるだけの機関であった。

本国議会への参政権はどうだったか。貴族院にはごくわずかな数の朝鮮人、台湾人勅撰議員がいたが、衆議院では日本「内地」で選出された一人の朝鮮人議員(朴春琴《パクチュングム》)がいただけで、朝鮮、台湾から選ばれた議員はいなかった。これは衆議院議員選挙法が植民地に施行されていなかったからであり、植民地在住の日本人も選挙権を行使できなかった。しかし、選挙法が植民地に施行されなかったのは、朝鮮人、台湾人議員を本国議会に送り出すのを為政者が嫌ったからである。朝鮮在住日本人などが本国参政権を求めたのに対して、日本政府は朝鮮(人)の「民度が低い」ことを理由に拒絶し続けたのである。

植民地支配の末期になって選挙法の植民地施行が決まり、植民地からも衆議院議員を選出する制度に改められた。徴兵制を植民地にも適用したことの見返りとしてであった。しかし、議員数は朝鮮から二三名、台湾から五名に過ぎず(それまでの議員定数は四六六名)、日本「内地」では男子のみの普通選挙であったのに対して、植民地では選挙権は直接国税一五円以上を納める男子に限るという制限選挙であった。日本人議員がなるべく多くなるように計算されていたのである。

表1　朝鮮総督府における朝鮮人職員比率(%)

	1910年	1918年	1926年	1932年	1938年	1942年
勅任官	75.0	47.0	39.8	32.0	24.8	22.8
奏任官	64.6	31.0	23.8	23.3	20.0	17.7
判任官	58.1	26.9	34.5	35.0	33.7	32.2
嘱託	61.8	53.6	40.1	28.3	43.7	47.7
雇員	61.8	53.6	40.1	40.8	43.8	57.3
合計	58.7	39.6	35.9	36.6	37.5	44.5

注 1)1910年は同年6月韓国政府職員に占める比率.
2)「奏任官」などには待遇官も含む.
出典：パク・ウンギョン『日帝下朝鮮人官僚研究』ハクミン社，1999年，p. 69

そしてそのように改められた選挙制度も戦時中は実施されることなく、日本の敗戦を迎えた。

次に社会的な側面を見よう。まず、公務員や教員の給与の格差があげられる。日本人の公務員などには「外地手当」とよばれる俸給上乗せがあり（通常七割程度）、各種手当でも朝鮮人、台湾人とは格差をつけた額を受け取っていた。このような公務員の給与格差は法令によるものであったが、それにならう形で一般の会社などでも給与格差は当然とみなされていた。

法律の適用の点でも、日本人と朝鮮人、台湾人では異なる立場に置かれる場合があった。例えば、結社・集会などを取り締まる法令では、朝鮮在住日本人には「保安規則」、朝鮮人には「保安法」がそれぞれ適用され、前者に比べて後者の罰則規定が厳しくなっていた。台湾でも「匪徒刑罰令」など台湾人だけに適用される法令が存在していた。その他、学校教育における日本人と朝鮮人、台湾人との間の格差や、日本と朝鮮間の往来に際して朝鮮人は「渡航証明書」を警察に申請しなければならないなどの差別制度が存在していた。

以上のように、植民地住民に対する差別はさまざまな分野で見られた。一部は戦時期になって改められたものもあるが、植民地支配の最後まで差別構造は強固に残っていたのである。為政者は「民度の差」や「皇民化の程度の違い」をその理由にしていたが、実際にはあくまで植民地支配秩序を維持することに目的があったと考えるべきであろう。日中戦争期に朝鮮総督として「内鮮一体」を叫び皇民化政策を強化した南次郎は、一九四二年一〇月の枢密院会議で、朝鮮人は「思想・人情・風俗・習慣・言語等を異にする異民族たるは厳然たる事実」であり、それを前提に政策を立てねばならない、と言明している（宮田節子『朝鮮民衆と「皇民化」政策』、一六六頁）。

同化・皇民化すれば差別はなくなると為政者が強調したのは、それによって朝鮮人、台湾人から同化・皇民化、戦争協力への「自発性」を引き出すためにほかならなかった。そして日本人に向かっては、日本人は「兄貴分」として朝鮮人、台湾人を指導しなければならないという論理で、国家への忠誠心を高めようとしていたのである。

このような差別を支える法的な根拠は戸籍の違いにあった。日本「内地」に本籍を置く者＝日本人、朝鮮本籍者＝朝鮮人、台湾本籍者＝台湾人という構造が成立し、それぞれの間の戸籍移動は婚姻と養子縁組の場合を除いて許されなかった。これによって、支配者と被支配者とを区別・差別することができたのである。植民地支配の末期、選挙法の「改正」と同時に、日本政府部内では戸籍制度を改めて地域間の移動を許す案（兵役についたことがある、日本語を常用している、などの条件つきで）も検討されたが、反対論が強く結局実現することはなかった。建前とはうらはらに、差別構造をなくすことに日本の為政者はきわめて消極的であったと言うほかない。

（水野直樹）

Q7　近代的な教育の普及は日本の植民地支配の「功績」なのか?

近代的な学校教育の普及は、医療の普及と並んでしばしば日本の植民地支配の「功績」としてとりあげられる。確かに、近代教育は植民地期に一般化し、一九四五年以降の教育制度の前提を形成したと評することができる。植民地化以前には朝鮮では書堂、台湾では書房などの伝統的な教育施設が中核的な役割を果たしていたことも事実である。

しかし、だからといって、近代的な教育の普及を日本の植民地支配の「功績」とみなすのは、次の二点で飛躍がある。第一は、台湾・朝鮮総督府が総じて近代教育の普及に対して抑制的だったことである。第二は、植民地における教育は、理念や内容の面では必ずしも「近代的」なものではなかったということである。

まず第一の点について。日本本国では一九〇〇年に義務教育制度が確立されたのに対して、台湾・朝鮮では義務教育は実施されなかった(台湾では一九四三年に四五年度から義務教育を実施することが決定されたが、空襲や疎開のために実質化されなかった)。「義務教育」とは子どもを学校に通わせる義務だけではなく、就学機会を保障するために地方行政当局が学校を設置する義務や義務教育段階の子どもの雇用を禁止する規程を含むものである。しかし、植民地では一九三〇年の時点で初等学校(台湾では「公学校」、朝鮮では「普通学校」)就学率が台湾で約三三%、朝鮮で約一六%であることに示されるように、大多数の子どもが就学機会を保障されないまま労働に従事していた。

さらに、総督府は中等・高等教育の普及に対してはいっそう消極的だった。たとえば、一九一一年に朝鮮総督府から台湾総督府に転じた学務官僚・隈本繁吉《くまもとしげきち》は、表面上は教育を重要視するようにしながら、実際には奨励せず、中等教育は低度の実業教育に限定すべきだと述べている。このようなあからさまな愚民政策は強い反発を招いたために、一九二〇年代以降は朝鮮人や台湾人の教育要求の一部を取り込む形で中等・高等教育を整備し、台北と京城（現在のソウル）に帝国大学を設置した。しかし、日本語で入試が行われたこともあって朝鮮人・台湾人の入学者は人口に比して少数であり、植民地行政機構の末端の官吏を養成するにとどまった。

次に第二の点について。初等教育から高等教育まで体系性を備えた教育制度が形成された点や、一斉教授法が導入された点では、教育の近代化が進められたと評することができる。しかし、教育の理念においては必ずしも「近代的」ではなかった。教育内容は「国語」としての日本語教育と低度の実業教育に偏り、台湾人・朝鮮人が私立学校などを通じて自らの教育文化を創造しようとする動きは厳しく抑圧された。特に三〇年代後半以降、学校は従順な「皇民」であることを証明するための儀礼の場という性格を強めた。一九二七年にアメリカに留学したある台湾人は次のように記している。「近代教育は子どもの創造的な力を台無しにしてはならないという考えの下に、外側から強制するのではなく内側から個々人を発達させることを目的としている。同化とは、望まれもしない外側から自分の基準を押しつけようとするものである」（林茂生）。

（駒込武）

Q8 植民地支配は近代的な医療・衛生の発展に寄与したのか?

日本でもヨーロッパの旧植民地帝国でも、植民地支配を肯定的に評価したがる人々が、学校や鉄道などと並んで持ち出すのが、病院を建ててあげた、衛生を改善してあげた、という「慈恵」の言説である。他の分野に比べて植民地医療史の研究が立ちおくれてきたこともあり、この慈恵の言説の不当性について歴史的な検証が行われるようになったのは、ごく最近のことである。

この実証作業は、現在大きく二つのレベルで進められている。一つは、目的および結果の両面において、医療・衛生政策が本当に現地の住民のためになっていたのかということ。もう一つは、仮に医療・衛生政策により「恩恵」を受けた側面があったとしても、その代価として植民地支配への従属をもたらすような権力の行使があったのではないかという問いで、近代そのものへの問いにもつながる。ここでは朝鮮を事例として見てみよう。

現象的にみれば、確かに日本の植民地において近代西洋医学にもとづく病院や医師は増えたし、医学教育機関も設けられた。しかしそれだけでは何もわかったことにはならない。表2に病院数と医師数の変遷を掲げた。確かに病院数は増えているものの、一郡平均一つにも満たない(一九二〇年代朝鮮の府郡島数は合計二三二)。また厳しい取り締まりや経営難により、私立病院の開設数が低迷していることも特徴といえる。医師不足も続き、一九三八年でも医師のいない面(日本の町村に相当)が三分の二にのぼり、都市部と農村部の格差も激しかった。さらに健康保険制度がなく医療費が自己負担だったという経済的要因も作用して、都市部に住む中産階級以上でなければ事実上、病院の利用は困難だったと考えられる。

実際、表3に一九三〇年の公立の慈恵病院・道立医院の外来患者の年間利用者延べ人数を比較したものを示したが、人口一〇〇〇人あたりでみれば、日本人は二九四名利用しているのに対して、朝鮮人は一二名程度で、しかも女性は男性の半分程度である。このように、病院は一般に朝鮮人にとってとても遠い存在で、民族格差、階級格差、都市・農村格差、男女格差が非常に大きかったことがわかる。

こうしたなかでも、朝鮮の人々は医療の真空地帯にいたわけではない。植民地期に農民がどのような医療行為を行っていたのかについての調査結果（表4）にみられるように、この時期には造薬や漢方薬が医療行為として大きな位置を占めていた。これは民間の医療知識に加えて、漢方医療が根づいた結果である。現在の韓国では漢方医学が制度的に認められ、洋漢の二元的な医療体制となっているが、植民地期には漢方医学が制度から疎外され衰退していった。表2で一九一〇年度の朝鮮人医師数が多いのは、「併合」前には漢方医が医師として認められていたからで、その後の日本の統治下で漢方医は「医生」とよばれて冷遇され、数もしだいに減っていった。植民者は、「近代文明」の代理人として自己を確立する必要があったため、こうした伝統医療の有用性に対して消極的・否定的な態度をとり続けたのである。

総督府も医療施設の設置がなかなか進まないことを認識してか、講演会や行政的な指導などを通じた「啓蒙」を奨励し、そのことで「衛生観念」を広めようとしてはいた。この「啓蒙」の背後には、文明＝清潔さをもたらす日本人／「衛生観念」の欠如した朝鮮人という先入観が根深く存在しており、実際に医療・衛生施設が進まない状況においては、むしろある種の欠如感のようなものを朝鮮人に植えつけることになったと思われる。

また、伝染病は植民者側にとっても無視できない問題だったので、感染性の高いものは予防や対策が徹底的になされた。一九世紀以降、帝国主義の拡大とともに世界的に流行し、朝鮮にも時折襲ってきたコレラに対しては特に強い統制が行われたし、一九世紀末に朝鮮王朝が導入した種

表 2　病院および医師数の変遷

年度	病院		医師		医生
	官公立	私立	日本人	朝鮮人	朝鮮人
1910	17	108	345	1,342	
1920	27	112	604	402	5,376
1930	44	79	796	921	4,594
1940	56	105	1,269	1,918	3,684

出典：朝鮮総督府『統計年報』

表 3　慈恵病院・道立医院における患者数(1930 年)

	外来患者総数	人口 1,000 人あたり
日本人	155,008	294
朝鮮人 男	83,549	8.03
朝鮮人 女	43,755	4.36

出典：朝鮮総督府『統計年報』

表 4　植民地期農村の医療行為
(4 村での調査結果の平均，単位%)

	放置	造薬	漢薬	洋薬	病院	その他
鎌で指を切った時	51.3	45.5	2.6	0.7	0.0	0.0
鎌や斧でひどく怪我をした時	0.7	76.1	7.7	5.1	10.2	0.2
頭・腹が痛む時	8.4	63.1	17.2	3.9	0.2	7.2
体内がひどく痛む時	2.8	48.5	39.9	3.2	3.9	1.6

出典：崔在錫(日本語訳)『韓国農村社会研究』學生社，1979 年，144-148 頁

症は、植民地期には半ば強制的に実施されていった。こうした伝染病対策や保健の実務を主として警察が担っていたことにも一つの特徴がある。「衛生警察」という用語に示されているように、衛生事業が植民地社会を安定的に統治するための一手段して認識されていたということが、その理由として考えられる。例えばハンセン病患者は施設や特定の集落に集団的に閉じこめられていったが、このことの背景にも患者の存在を治安的な問題とみなす認識があった。

ところで、日中戦争勃発後に、朝鮮住民の身体への関心が急に高まった。戦時総動員体制のなかで朝鮮の住民は「人的資源」とみなされたので、「国民体位〔国民の体の強さ〕」の向上がうたわれはじめたのである。青年を対象とした健康診断が実施されたり、身体訓練が奨励されたり、ほんの一時期だが総督府に厚生局が設置されたりした。しかし、この時期の資料や、この頃生活した人々の話に少しでも接してみればわかるように、激しい収奪体制と連日の労働によって健康状態は悪化していった。

以上みてきたように、植民地統治下の医療・衛生は、植民者たる日本人の健康や利害関係を事実上優先しつつ、それなりの制度的整備は行ったが、目的と結果の両面からして、植民地住民のためになる政策を施したというようなことを一般論としていうことはできない。歴史の複雑さを見ようとしないで、あたかも「善政」を施したかのように評価するのは、植民者的な思いこみを投影した身勝手な言説に過ぎない。

（板垣竜太）

Q9　植民地支配に反対したのは、一部の朝鮮人・台湾人だったのか？

「新しい歴史教科書をつくる会」が二〇〇〇年四月に文部省（現文部科学省）に提出した中学校歴史教科書の検定申請本は、韓国「併合」に対する朝鮮人側の反応について、「韓国の国内には、当然、併合に対する賛否両論があり、反対派の一部からはげしい抵抗もおこった」（西尾幹二編、資料篇三二頁）と記していた。しかし、これには文部科学省より「韓国国内の併合反対派の「はげしい抵抗」が一部でしかなかったかのように誤解するおそれのある表現である」という検定意見がつき、記述は変更を余儀なくされた。日本の植民地支配に反対する「はげしい抵抗」が決して一部のものでなかったことは、かつての統治者である日本国家の立場からでさえ認めざるを得ない事実なのである。

ここで朝鮮国内に「併合」賛成意見があったように記されているのは、一九〇四年に結成された一進会という親日団体の動きを念頭においたものと思われる。この団体は従来実体のない「幽霊団体」と指弾されてきたが、近年の研究では当時の有力な政治結社の一つであることが指摘されるようになった。一進会は韓国「併合」前年の一九〇九年一二月に日韓「合邦」請願書を提出するなどの活動を行い、「併合」支持の代表格と見なされてきたのである。

しかし一進会の活動をもって、朝鮮国内に日本の統治を望む声があがったかのように考えるのは正しくない。一進会がいう「合邦」とは、朝鮮政府の存続や日朝両国民の対等な権利を前提としており、むしろ日本の植民地支配を回避するための方法として唱えられたものだったからである。その背景には、日本の侵略に反対しながらも、一方では朝鮮の「文明化」のために日本の協力は必要と見る苦渋に満ちた認識が、当時の朝鮮社会の一部に存在していたという事情もあった。だが一進会の主観的意図がどうであれ、その親日活動が日本の支配を招く結果をもたらしたことは疑いない。また「合邦」請願書は、当時政治的に追いつめられていた一進会が勢力挽回のため窮余の策として発表したものでもあった。朝鮮民族の立場から、この団体が「売国奴」と非難されるのは当然といえる。

そして一進会の活動をいたずらに過大評価すると、この時期に朝鮮民衆が進めた独立回復をめざす運動（国権回復運動）の意義を見誤ることにもなる。たとえば時期を同じくして、朝鮮では熾烈な反日武装闘争＝義兵闘争が展開されていた。この闘争にともなう朝鮮側の死者数は日本官憲の公式統計（一九〇七～〇九年）でも一万六七〇〇余名にのぼっており、日清戦争における日本の戦死者数（約一万三〇〇〇名）を上回る規模となった。義兵闘争はまさしく「国家防衛戦争」の様相を呈していたのであり、「併合」後に繰り広げられる満洲（中国東北地方）での民族解放運動の一つの源流ともなっていく。

植民地支配を肯定・賛美する論は、一進会のような団体は大きくとりあげる一方、朝鮮人や台湾人を主体として繰り広げられた抗日民族運動に関してはほとんど無視している。また、そのことにより植民地支配に反対したのはごく一部の朝鮮人・台湾人であったかのような印象を与える記述となっている。

しかし、日本の植民地統治期にもさまざまな民族解放運動が、ねばり強く展開されたことはいうまでもない。朝鮮では一九一九年の三・一独立運動を分水嶺として、民族主義運動と社会主義運動の二つの潮流が生まれ、労働運動・農民運動・女性運動・青年運動・学生運動・衡平運動（被差別民の運動）などの各分野で組織的な活動が活発に繰り広げられていく。一九二七年には民族主義者と社会主義者が提携する民族協同戦線運動の成果として、植民地期最大の政治結社・新幹会が結成された（最盛期の会員数は約四万名）。約一四〇を数えた新幹会の地方支会は、朝鮮民衆の身近なところで多様な運動の組織的結集軸の役割を果たし、その経験は日本の敗戦＝解放後の自主独立国家建設をめざす運動に引き継がれることになる。

また朝鮮人の民族解放運動は朝鮮国外にも拡散していった。日本では労働運動を中心とした社会主義運動が大衆的な支持を得て、民族解放とともに日本社会での差別撤廃を求める運動を展開した。十五年戦争期の中国本土地方では、左右の政治勢力を結集させた大韓民国臨時政府や、社会主義者中心の朝鮮独立同盟などの組織が、中国の諸政治勢力と連携しながら抗日戦争を戦った。さらに満洲では共産主義者を中心とする抗日パルチザン闘争が展開され、日本を悩ませ続けた。このように朝鮮人の独立運動は、日本の弾圧に抗しながら民族解放の日まで続けられたのである。

一方、台湾では、一九一〇年代前半の抗日武装蜂起計画に対する鎮圧があまりにも苛酷だったこともあって、一〇年代後半は抗日運動が鎮静化していた。しかし、二〇年代になると、世界的な民族自決の風潮に後押しされながら、台湾人による自治を求める台湾議会設置運動がねばり強く展開された。二七年に台湾人初の政治結社として設立された台湾民衆党は各地で工友会のような労働運動組織と結びつきながら地方支部を拡大、支持団体の会員数は一万名をこえた。朝鮮と同様に社会主義の影響下に農民組合や台湾共産党の活動も行われたほか、三〇年代になると中国大陸に渡った台湾人が、朝鮮義勇隊や中国国民党と連絡を取りながら台湾義勇隊を結成した。四一年には大陸における諸団体が連合して台湾革命同盟会を創設、台湾人の抗日統一戦線を形成した。なお、台湾では朝鮮の三・一運動に匹敵するような大規模な民衆運動は起きなかった。朝鮮では前近代から独自の王朝が存在していたのに対して、台湾は清朝の周縁地域に過ぎなかったという歴史的条件の違いがそこには影響していると考えられる。抗日運動の担い手のなかでも、祖国中国への復帰をめざすのか、台湾人による自治の実現を優先させるのか、ということをめぐる路線対立が存在した。しかし、民衆党への支持の広がりに見られるように、植民地統治への憤りや不信、そして、解放への希求が広く共有されていたことは共通していた。

最後に、ある朝鮮人社会主義者の著名な回想録から、三・一運動のときの高揚した雰囲気を紹介することにしよう。彼が少年時代を過ごした平壌での模様である。

「私たちは彼〔キリスト教系学校の教員――引用者〕に率いられて街に出、何千という他の学校の生徒や街の人々と隊伍を組み、歌いながらスローガンを叫びながら町中を行進した。私はうれしさで心臓が破裂しそうだったし、誰もが歓びにあふれていた。私は夢中になって終日食べることを忘れた。何百万という朝鮮人が、三月一日には食を忘れたと思う。私たちが通ったとき、一人の白髪の老人が段の上まで出て来てしゃがれた声で叫んだ、「見ろ、わしは死ぬ前に朝鮮の独立に会えるのだぞ！」」（ニム・ウェールズ、キム・サン、七四頁）。

（藤永壯・駒込武）

Q10 日本支配下で朝鮮の人口は急増したのか?

朝鮮の人口(朝鮮人のみ)は、「併合」前の一九〇六年に九七八万人だったのが、一九三〇年に二〇四四万人になり、二〇年余りで二倍以上になっている。これは、日本の「善政」のおかげである――。日本の植民地支配が朝鮮人の生活の安定・向上をもたらした、と主張する際の根拠としてしばしば持ち出されるのが、人口の急速な増加である(黄文雄、大蔵省管理局第一一冊など)。しかし、根拠とされる人口統計に重大な問題があるため、人口が急増したとするのは間違いといわねばならない。

表5を見てみよう。「併合」前の一九〇六年に日本人の警務顧問が調査した数字は九七八万人だったが、多くの人が調査漏れとなったため、正確な人口数ではなかった。日本側は朝鮮人人口を一七〇〇万人くらいと予想していた。表の数字を見ても、男女比率が不自然なのは、多くの女性が調査から漏れたためである。併合の年の一九一〇年には、ある程度正確な人口統計がとられたため、四年前に比べて三〇〇万人以上の増加となってあらわれることになった。それでも男女の比率は依然として不自然な状態が続いており、まだ確実な人口統計でなかったと考えられる。

では、信頼できる人口数はいつ頃から得られるのだろうか。一九一五年までの人口増加率が極端に高いことから考えても、それ以前の人口数はあまり信頼できない。二五年に簡易国勢調査が朝鮮でも行われたため、それ以降は正確度の高い数字を得ることができることになった。

正確度の高い数字をもとに、さかのぼって人口数を推計する研究が、人口学者などによって行

表 5　朝鮮・日本・台湾の人口推移

年	朝鮮人人口（万人）	男女比率（女 100 に対する）	平均増加率（過去 5 年の平均，%）	推計・国勢調査の人口数（万人）	左の指数 1910 年＝100	日本の総人口（万人）	左の指数 1910 年＝100	台湾の総人口（万人）	左の指数 1905 年＝100
1905								304	100
1906	978	117							
1910	1,313	113	8.6	1,631	100	4,818	100		
1915	1,596	105	4.3	1,703	104	5,275	109	348	114
1920	1,692	106	1.2	1,763	108	5,596	116	366	120
1925	1,854	104	1.9	1,902	117	5,974	124	399	131
1930	1,969	103	1.2	2,044	125	6,445	134	450	148
1935	2,125	103	1.6	2,221	136	6,925	144	512	168
1940	2,295	102	1.6	2,355	144	7,193	149	572	188

出所：1906 年（『第 3 次統監府統計年報』）を除き『朝鮮総督府統計年報』による（警察の調査による人口数）．「推計」（1910-20 年）は金哲氏の研究による．
日本の人口は内閣統計局の推計および国勢調査による．
台湾の人口は国勢調査（戸口調査）による．1905-25 年には「山岳地帯」の人口が含まれていない．

われている。表には、いくつかの研究のうち、一九一〇年の数字がいちばん少ないものを掲げた。これによれば、一九一〇年から四〇年までの三〇年間に朝鮮人人口は約七〇〇万人、四四％増えただけということになる。これを日本の人口推移と比べてみると、朝鮮の人口増加はそれほど急激なものでなかったことがわかる。したがって、人口急増説には根拠がなく、まして日本の「善政」を立証する根拠にはとうていなり得ない。

ちなみに台湾の人口推移（日本人を含む）も同表に掲げておいた。指数を見ると、日本の人口より増加率が高くなっているが、総人口の五％ほどが日本人であること、指数の基準年を一九〇五年にしていることを考慮すれば、台湾の人口増加も日本を大きく上回るものではなかったと考えられる。

（水野直樹）

Q11 朝鮮での米の増産は農民を豊かにしたのか？

朝鮮総督府は一九一〇年代末に三〇年間の土地・農事改良事業によって米の増産を図るという産米増殖計画を立案し、まず二〇年から一五ヵ年の第一期計画を、次いで二六年からはそれを手直しした一二ヵ年の産米増殖更新計画を実施した（三四年に中止）。第一期計画では増収九〇〇万石のうち四四一万石を、また産米増殖更新計画では増収八二二万石のうち二七八万石を朝鮮内消費に充て、残りを移出して日本の食糧・米価問題の解決や国際収支対策としての外国米輸入の抑制に寄与しようとした。これは、朝鮮の人口や朝鮮人一人あたりの米消費量の増加をある程度考慮したうえで、輸移出のための植民地農業開発を図ったことを意味している。総督府もそれが朝鮮の農家経済の向上と農民生活の安定に役立つとしていた。だが、この計画ではたして朝鮮の農民は豊かになったのであろうか。

計画によって灌漑設備をもつ水田は増え、また日本の優良品種の普及などの農事改良も進展した。その結果、例えば総収穫高は一九二〇～二二年平均の一四七四万石から三〇～三二年平均の一七一三万石へと増加した。だが、日本への移出量は同期間に二八四万石から七二三万石に急増し、増収をはるかに上回った。これは、日本への移出増大が朝鮮内消費を犠牲にして達成されたことを意味する。

では農民は米の販売で経済的に豊かになったのであろうか。農民は狭い耕作面積や低生産性によって収穫が少ないうえに、小作農家は現物の高率小作料などを負担していたこと、さらに多くの農家は地主への高利の借金を抱え、それを最も安い収穫期の相場で換算した籾で返済しなければならなかったことなどから、農民の手元に残る米はわずかにすぎなかった。しかも、米は農民にとって租税負担や金肥・衣類などの購入のためのほとんど唯一の換金作物であり、できるだけ消費を抑えねばならなかった。通常、農民は収穫直後に籾のままで仲買人に庭先で売るが(日本では玄米で販売)、出回期には籾は玄米以上に下落し、かつ庭先相場は市場の相場をかなり下回るのが一般的であった。産米を集中した地主と異なり、農民による米の商品化は不利な条件での窮迫販売であり、経済的豊かさをもたらすものではなかったのである。

こうして朝鮮では米消費が激減し、その補充として「満洲」(中国東北部)の粟、その他の雑穀に依存するようになるが、それでも麦収穫までの端境期には食糧が底をつくという春窮状態に陥る農家が増えて一九三〇年には約半数に達した(特に小作農や米作地帯の朝鮮南部に多い)。朝鮮では米の増産は農民を豊かにするどころか、逆に悲惨な生活状態をもたらし、その多くはいっそう不利な小作条件の小作農へと転落するか、焼畑を営む火田民とか都市貧民になるか、またあるいは故国を離れて日本への渡航や「満洲」への移動を余儀なくされていったのである。

(河合和男)

Q12 植民地の工業化・インフラ整備は民衆生活を向上させたのか？

「日本としても朝鮮の鉄道や港を造ったり、農地を造成したりしたし、大蔵省は、当時、多い年で二千万円も持ち出していた」。

これは、一九五三年一〇月の第三次日韓会談で、日本側首席代表の久保田貫一郎が行った有名な「久保田発言」である。この発言に韓国側は猛反発し、会談は中断した。しかし同じような見解は、その後もいろいろな場所でくり返されてきた。

このような主張に対して、以前は次のような主旨の反論がみられた。

「帝国主義国は植民地からの収奪を行い、植民地の民衆を窮乏化させた。植民地期の開発や工業化を論じるのは、御用学者の見解である」。

しかし、植民地期における経済開発の問題を論じるときには、冷静な視点を持つ必要がある。事実を客観的にみれば、植民地期の朝鮮や台湾に対しては、たしかに巨額の投資が行われ、経済成長率も高かった。この事実を無視して、抽象的あるいは部分的に収奪を批判しても、今日では十分な説得力を持たない。とくに近年みられる一部の議論のように、いままでの「進歩的」な歴史学者の見解は誤りで、実際には植民地支配は経済発展に寄与した善政だった、という反論が出てくる余地を残す恐れがある。結論を先にいえば、植民地期の投資や経済開発が事実であったとしても、それを根拠として、植民地支配を正当化することはできない。理由は二つある。

一つは、その投資や開発の目的が、本国の利益の増進にあったという点である。台湾近代史の研究者である呉密察氏は、「日本は台湾で乳牛から牛乳を絞るために、台湾という乳牛をしっかりした体格に育てその牛乳の栄養も大変よかった、……このように乳牛を育てた日本にどうして好意があったといえるのか？・」(『黒船と日清戦争』、一九八頁)というたとえ話で、これを指摘している。

たとえば、日本は植民地で工業化を進めた。これは、本国の工業化と植民地の領有が同時に進行したという日本資本主義の特質が背景となっている。つまり、本国と植民地が同列に工業立地の対象として考えられたのである。これに対して欧米では、まず産業革命で工業化が達成されたあと、その一〇〇年後に帝国主義的な植民地支配が本格化した。したがって、遠く離れた植民地に工業を移植しなくても、本国の工業生産力はむしろ過剰なほど発展しており、植民地は原材料の供給地や工業製品の市場としての役割だけ果たせばよかった。

しかし、日本は植民地を領有しながら、さらにいっそうの工業化を進める必要があった。したがって、たとえば一九二〇年代末の日窒財閥は、日本国内でも朝鮮でも、とにかく豊富な電力資源のあるところに化学肥料工場をつくらなければならなかった。その結果、たまたま選択されたのが水豊のダムと咸興の肥料工場だったのである。台湾や満洲など他地域での工場をみても、植民地の民衆生活の向上を主な目的として設立されたものを見出すことは難しく、基本的に日本の工業化を補完するのが植民地工業の役割だった。

鉄道、道路、港湾などのインフラストラクチャー(社会基盤)整備についても、基本的な評価は同じである。とくに、交通機関の整備は日常の経済活動を助けただけでなく、支配や侵略のための軍隊の移動にも使われ、日本へ移出される米を運搬し、また、窮乏化した人々が移住していく経路を開くことになったのである。

さらに、それらの交通機関は、解放後も使われて役立っているではないか、という反論もあるだろう。しかし台湾や朝鮮の植民地鉄道は縦貫線の建設が重視されたために、国内移動のためのネットワークを解放後に形成する必要があったし、動力の近代化（電化・ディーゼル化）や信号の自動化などの技術革新を図らなければならなかった。また、道路も戦後のモータリゼーションの進展に対応するために、高速道路の建設などまったく新たな体系をつくりあげる必要があった。したがって、日本の「遺産」がそのまま使われている、といった単純な話にはならないのである。

もう一つ、開発という経済的な側面だけでなく、ナショナリズムの台頭という政治的・文化的側面を総合して歴史的評価を下す必要があることを忘れてはならない。たとえば、戦前の代表的経済ジャーナリスト石橋湛山《たんざん》は、日本の対朝鮮投資が「善政」のようにみえるという前提から出発して、次のように結論づけている。

つまり、朝鮮人は「日本の統治の下にいかなる善政に浴しても、決して満足すべきはずはない。故に彼らは彼らの独立自治を得るまでは断じて反抗を止めるものではない。問題の根本はここに横たわる」（「鮮人《マ マ》暴動に対する理解」）。したがって「いかなる国といえども、新たに異民族または異国民を併合して支配するが如きことは、とうてい出来ない相談なるは勿論、過去において併合したものも、漸次これを解放し、独立または自治を与うるほかないことになるであろう」（「大日本主義の幻想」松尾尊兊編『石橋湛山評論集』岩波文庫、一九八四年所収）というのである。

湛山の議論から経済的自由主義を読み取るだけでなく、彼が民族主義へのリアルな視点を持っていたことを、見逃してはならない。

植民地への投資は、今日の経済援助とは意味が異なる。つまり、自国の利益のために相手の反発を無視して金を出すのか、それとも相手の利益のために協力しながら友好的な関係を築くのかという、決定的な違いがみられるのである。

さらに、冒頭の「民衆生活を向上させたか」という問いかけに対しては、経済成長の成果が公平に分配されたわけではないこと、そして、開発や成長が常にあらゆる人々を満足させるものではないことにも留意する必要がある。

これは、植民地支配の評価に限ったことではない。たとえば近年の経済のグローバル化に対して、欧米のNGO（非政府組織）をはじめ世界各地の民衆が激しい異議申し立てをしているのも、同様の問題である。開発、工業化、経済成長などによって、「ゆたかな社会」を求める考えを否定することはできない。しかし、その地域全体が「ゆたかな社会」に向かっていても、その成果を受け取ることのできない階層が存在したり、「ゆたかさ」の代償として社会的損失（たとえば環境破壊など）が増大したりすれば、さまざまな軋轢《あつれき》が生じる。

その軋轢を批判し克服しなければ、本当の「ゆたかさ」は実現できない。しかし植民地では開発への批判は許されず、しかも開発の成果が全てその地に残されたわけではなく、支配国に移転された部分が多かったから、軋轢はいっそう大きかったのである。

（橋谷弘）

Q13　日本は植民地で経済的利益を得ていなかったのか？

植民地を支配していた期間、日本は台湾や朝鮮に「大変な国家予算をつぎ込んだ」のに対して、「植民地から得られる収益は支出をはるかに下回」った、つまり「日本は台湾や朝鮮から経済的利益を得ていたとはいえない」という主張がある（藤岡信勝／自由主義史観研究会、第四巻三八頁）。しかし、これは事実であろうか。

日本と植民地との間の経済的バランスシートは、二つのレベルで考える必要がある。一つは国家財政・総督府財政のレベル、もう一つは企業経営や金融・貿易を含む広い意味での経済関係のレベルである。これを混同して、「経済的利益を得ていなかった」と断定すること自体が誤りである。

財政レベルで日本の持ち出しだったとする主な根拠は、本国財政から植民地財政への補充金である。日本は植民地統治に必要な財源を総督府への補充金として支出した。台湾では年間七〇〇万円が補充されていたが、専売（アヘン・樟脳など）・地租収入の増大により一九〇五年で台湾総督府の財政は独立を達成し、逆に本国財政に寄与することになった。

朝鮮では一九一一年度以降、年間一〇〇〇万円から一五〇〇万円規模の補充金を本国財政から受けていた。そのため、特に朝鮮に対しては持ち出しが大きかったように見える。しかし、総督府財政に占める補充金の比率は五％程度であり、他は税金、関税、官業収入などから成り立っており、朝鮮民衆の負担による部分が大きかったのである。他方、歳出面では、官吏、教師、警察官などを務める日本人が受け取る給与が総督府財政の大きな部分を占めていたこと、警察・法務などの支出項目(一九三四年からは臨時軍事費が付け加わる)が、民衆生活の向上につながる教育・勧業・医務衛生などの項目と同じか、あるいはそれ以上の額を占めていたことなどを考慮に入れると、国家予算をつぎ込んだからといって、生活の向上に役立ったとはいえないし、逆に朝鮮民族の自主的な動きを抑圧するために使われたともいえるのである。財政政策の第一の目的は、植民地支配を維持することにあったというべきであろう。

広い意味での経済関係のレベルで利益を得ていたかどうかを検討することは、財政レベルの問題よりはるかに困難である。Q 12「植民地の工業化・インフラ整備は民衆生活を向上させたのか？」で触れられているように、企業が植民地に進出するに当たって、第一の目的としたのは利益を上げることであって、住民の生活向上は二の次にされたことはいうまでもない。賃金、土地、原材料、資源その他の点で植民地に進出することが有利だったからこそ、多くの企業が投資を行ったのである。一例をあげると、朝鮮北部で化学コンビナートを経営した朝鮮窒素肥料(株)は、親会社の日本窒素肥料(株)を大幅に上回る利益をあげ、株式配当も高率であった。戦時期に進出した会社・工場などでは、投資額を回収できないまま敗戦を迎えたものもあるが、それは結果論であって、「経済的利益」を得ていなかった(あるいは「経済的利益」が目的ではなかった)という主張の根拠にはなり得ない。

(水野直樹)

Q14　植民地労働者の戦時動員は強制ではなかったのか?

戦時期に行われた植民地労働者の動員は、当時の国家総動員法とそれにもとづく国民徴用令などによるもので、強制性は薄かった、とする見方がある(藤岡信勝/自由主義史観研究会、第四巻一六六頁)。確かに、すべての労働者が手錠をかけられて連行されたというわけではない。しかし、全体的に見ると、日本人労働者の戦時動員とは異なって強制の色合いが濃いものであったことは否定できない。

そもそも日本人の場合とは違って、朝鮮人労働者はほとんど炭鉱、鉱山、建設現場などの危険で苛酷な労働現場に動員された。そこから逃亡する者も多かったが、逃亡を防止するために監視を強化し、賃金を強制的に貯金させ、逃亡を図った場合は懲罰を加えるなど、明らかな「強制性」を帯びていたのが植民地からの労務動員だったのである。さらに付け加えれば、朝鮮人労働者に「皇国精神」を注入することによって戦争への奉仕を強いた事実も見落とすべきではない。

日本「内地」への労働者動員(当時「労務動員」とよばれた)は、三段階にわけることができる。一九三九年から始まった「募集」方式、一九四二年からの「官斡旋」方式、一九四四年からの「徴用」である。「官斡旋」と「徴用」は並行してなされていたと考えられる。

いずれの場合も、日本政府がたてた労務動員計画によって毎年の人員・配置先などが決められていた。朝鮮に割り当てられた動員数は、朝鮮総督府によってさらに地域割り当てが決められ、計画人員を達成することに力が注がれた。そのために、「募集」方式の段階でも会社・事業場の募集員は行政機関、警察などの支援を得ていた。「官斡旋」の時期になると、朝鮮総督府内に設けられた朝鮮労務協会が動員計画にもとづいて各地域から労働者を集め、これを各会社に割り振るというやり方に変わった。行政の末端では下層の貧窮農民を中心にして割り当て数を達成しようとしたため、立場の弱い彼らにとってはそれ自体が強制性を帯びたものとなった。

さらに、暴力をともなう動員が行われていたことは、当事者の証言だけでなく、当時の内務省嘱託職員が書いた文書からも裏づけられる。「朝鮮人労務者の内地送出の実情に当たっての人質的掠奪的拉致」「夜襲、誘出、其の他各種の方策」が講じられていたことが同文書には記されている（水野直樹編、第七巻五二、六三頁）。

また、直接的な暴力が加えられなくとも、巡査の監視下で日本に連行したり、動員先で半ば軟禁状態に置いて労働に従事させたりしたことは、「国民徴用令に基づく徴用でも許容されない違法なもの」と認定する判決が出ていることも注目される（一九九七年一二月二日、金順吉《キムスンギル》訴訟での長崎地方裁判所判決）。

中国の占領地から暴力的に中国人を連れてきたのとは異なる面があるにせよ、植民地からの労働者動員も強制性の濃いものであったことは否定できないのである。

（水野直樹）

Q15 「慰安婦」問題で日本国家に責任はないのか？

「……「従軍慰安婦」問題の焦点は、軍に慰安施設があったかどうかではなく、強制連行があったかどうかである。というのは、戦前の日本では売春は合法的な商売として認められていたからである。だから、内地で売春が商売として行なわれたのと同じく、戦地でも軍の保護と承認のもとに売春業者が男性の集団である軍隊を相手に営業をしたのである。〔中略〕／そこで、いわゆる「従軍慰安婦」問題で非難されるべき点があるとすれば、戦地で働く意志がない女性を人さらいのようにして強制的に連行し慰安婦をさせたというようなケースである。ところが、日本軍による強制連行を示す証拠はただの一件も存在しないのである」（藤岡信勝、二五～二六頁）。

「慰安婦」問題で日本に非難されるべき点はないと主張する、右のようなレトリックは、さまざまな重要な事実を欠落させており、歴史的実態を正しく伝えるものではない。

第一に「戦前の日本では売春は合法的な商売として認められていた」という見方について。確かに戦前の日本政府は公娼を認めていた。しかし廃娼運動の主張がしだいに世論の支持を獲得し、また国際連盟が日本の公娼制度を批判するなか、日中戦争が全面化する以前の一九三四年の時点で、すでに群馬・埼玉・秋田・長崎・青森の五県で公娼制度は廃止されていた。そしてこのような動きが、さまざまな問題点をはらみながらも、戦後の売春防止法制定（一九五六年）へとつながっていくのである。時代は明らかに「売春」を不法化する方向へと進んでいたのであり、「慰安婦」制度はこのような流れに逆行するものであった。

さらに見落とせない事実は、戦前の日本ではほとんどの場合、「売春」が人身売買と結びついていたことである。明治維新後の一八七二年に日本政府は人身売買を不法とする太政官布告第二九五号（いわゆる娼妓解放令）を公布したが、その後も実際には人身売買によって娼妓にさせられるのが通例であった。のちに人身売買による娼妓の身柄拘束は不法だが、これと切り離せないはずの娼妓・業者間の金銭貸借契約は有効という奇妙な法解釈（一九〇二年の大審院判決）が原則となり、業者が女性を前借金で縛り上げて「売春」させるという仕組みが事実上認められることになった。これこそが国際社会から批判された日本の実態だったのであり、戦前の廃娼運動でも公娼制度は奴隷制度の一種と認識されていた。このように「売春」が人身売買と一体化し、こうした現実が日本社会を公娼廃止へと向かわせた事実を無視したまま、あたかも「売春」が社会的に認知された「商売」であるかのように単純化させる叙述は、戦前の日本の状況を正しく伝えるものではない。議論の前提として不適切といわなければならない。

第二に「内地で売春が商売として行われたのと同じく、戦地でも軍の保護と承認のもとに売春業者が……営業をした」という主張について。かりに内地で「売春」が「商売」として認められていたとしても、それがただちに戦地でも許されることにはならない。

最近、永井和氏によって明らかにされた事実を見ておこう。日中戦争全面化後の一九三八年初めに上海で陸軍慰安所が開設されたことは、すでによく知られている。このときの「慰安婦」たちは、中支那方面軍司令部（華中の日本陸軍を統括）による慰安所設置の決定を受け、上海の陸軍武官室が業者に依頼し内地で集めた女性たちであった。ところが事情を知らない内地の警察は、こうした業者らの募集活動を「皇軍」の名をかたった婦女誘拐ではないかと疑い、公序良俗に反し「皇軍」の威信を失墜させる行為として厳重に監視していたのである。

同じ国家機関の一員である警察でさえ、軍が業者に「慰安婦」を募集させるなどとは、にわかに信じられない出来事であった。つまり当時の日本社会にとって、「慰安婦」制度は倫理的にとうてい受け入れられない存在だったのである。「慰安婦」制度が公娼制度を母体として成立したことは疑いないが、公娼制度が存在したからといって、それがただちに「慰安婦」制度を生み出したのではない。そこには「慰安婦」制度を必要とする軍の意思があったのである。

第三に、「日本軍による強制連行を示す証拠はただの一件も存在しない」という主張について。確かに朝鮮や台湾において軍が直接、暴力的に女性を連行した事実を裏づける公文書はいまのところ発見されていない(ただし旧オランダ領東インド〔現在のインドネシア〕で日本軍がオランダ人女性を強制的に「慰安婦」にさせた事例は、一九四八年二月にバタビア〔現ジャカルタ〕で開かれた戦争犯罪法廷〔臨時軍法会議〕の判決文に記録されている)。

しかし朝鮮人・台湾人女性が詐欺や甘言による誘拐手段で、それこそ「人さらい」のようにして連行されたことは、多くの元「慰安婦」の証言から抽出できる事実である。これに対して強制連行否定論者たちは、元「慰安婦」たちが偽りを述べているかのように言い立てながら、一方で元日本軍関係者などの証言は大した検討もせずに信用する。証言という「資料」への接近方法においで、ダブル・スタンダードを取っているのであり、およそ学問的な態度とはいえない。

私がとりわけ韓国人元「慰安婦」の証言に信憑性が高いと判断する理由は、「慰安婦」募集にあたって用いられた詐欺、誘拐などの手段が、当時朝鮮在住の「売春」業者がとっていた方法ときわめて類似しているからである。植民地朝鮮に公娼制度をはじめとする日本の性風俗文化が移植された結果、「売春」目的の人身売買が横行するようになり、そのなかで女性の誘拐事件も多発していた。日本軍が朝鮮人「慰安婦」の募集を業者に依頼すれば、詐欺や誘拐による女性の連行が発生する事態は避けられなかったと考えるのが自然ではなかろうか。

最後に、「慰安婦」問題の焦点は「強制連行があったかどうか」だけではない。慰安所で「慰安婦」がどのような処遇を受けていたのかが、いっそう重要なのである。「慰安婦」の行動の自由が制限されていたことは、各地の部隊がつくった慰安所利用規定から明らかである。慰安所内での脅迫や虐待の事例はことがらの性格上、文献資料に残されにくいが、先のバタビア戦争犯罪法廷判決文から垣間見ることができるし、やはり元「慰安婦」の多くの証言がある。こうした女性に対する非人間的な処遇も、実は戦前の日本の公娼制度のなかで広く見られた現象なのである。

「慰安婦」問題における日本国家の責任の所在を考えるとき、私たちは「慰安婦」にさせられた朝鮮人や中国人、東南アジアの女性たちが、日本の植民地・占領地の出身であり、被支配民族の立場にあったという事情を見つめる必要がある。こうした前提抜きに「慰安婦」問題の真実に迫ることはできないし、とくに朝鮮・台湾の場合は、日本の植民地支配の仕組みがどのようにして女性たちを「慰安婦」に動員するシステムをつくり上げたのかを追究しなければならない。

（藤永壯）

Q16 朝鮮の「創氏改名」、台湾の「改姓名」は強制ではなかったのか?

一九四〇年に朝鮮で実施された「創氏改名」は強制的なものではなかったとする見解がある。この主張は、創氏改名以後も朝鮮名をそのまま維持した朝鮮人が少なからずいたことを根拠にしている。しかし、これは「創氏改名」の歴史的意味を正確に理解した上でなされている主張ではない。「創氏」とは、戸籍上の姓(父系血統をあらわす)を氏(一戸の家の呼称)に変えることであり、「改名」とは個人の名を改めることを意味する。

創氏改名政策の根拠となった朝鮮民事令・朝鮮戸籍令などの「改正」は、二つのねらいを持つものであった。一つは朝鮮人の名前の仕組みを日本的なものに変えるとともに日本人風の氏名を名乗らせること、もう一つは、朝鮮の家族制度を日本的な家族制度に近づけることであった。朝鮮総督府はそれ以前から、父系血統にもとづく伝統的な宗族《そうぞく》関係(宗中または門中とよばれる)が植民地支配にとって不都合なものとみなし、これを解体して日本的「家」制度に再編する方策を探っていたと考えられる。個人が宗族によって拘束されると同時にそれに守られるという状態では、その忠誠心を国家に向けることができないと考えたからである。しかし伝統的な家族制度に手をつけることは容易にはできなかった。

日中戦争開始後、志願兵制の実施、皇民化政策の強化など戦時体制の構築が急速に進むとともに、家族制度の日本化が本格的に検討されることになった。総督府当局が選んだ方策は、朝鮮の家族制度の特徴である「姓不変」の原則(女性は結婚しても父の姓を維持する)、「異姓不養」の原則

（姓の異なる者を養子としない）を改めることであった。同時に、戸籍上の家にただ一つの氏をつける（つまりそれまでは父姓を名乗っていた妻も夫と同じ氏になる）よう法令が改められた。新たに氏を届け出ない場合は、従来の戸主の姓がそのまま氏として戸籍に記載された。戸主の名前は変わらないが、妻などの名前は変わることになったのである。これは法的な強制によるものであった。

一九四〇年二月から八月まで受け付けられた氏の届け出は、八〇％に及んだ。総督府は、創氏は決して強制ではないと言明していたが、当初、届け出る者が少なかったため、総督府は各機関を通じて届け出を奨励した。高い地位にある朝鮮人は別にして、多くの朝鮮人は同化の証《あかし》として日本風の氏に変えさせられたといわねばならない。当時の朝鮮総督府政務総監も強制がなされていることを認めている（一九四三年二月二六日、貴族院予算委員会第二分科会）。末端行政機関が功をあせったために創氏を強制したという見方もあるが、総督府が強い奨励策をとったことを見落とすべきではない。他方、日本人風の名への変更（改名）は総人口の約一〇％にとどまった。

台湾で行われた「改姓名」は、姓のシステムを維持したまま、それを日本風に改めさせたもので、法的強制ではなかった。そのため、朝鮮に比べると日本風の名前を名乗る人の割合は少なかった。しかし、改姓名すれば配給で優遇されるなど、やはり奨励のための措置がとられていた。台湾では漢族住民より早く先住民族に対して改姓名が実施されていた。これは、先住民族を管理する日本人警察官が個人を識別しやすくすると同時に「同化」を促進するために、恣意的に名づけを行った結果であり、先住民族の慣習・伝統を無視した強制以外の何ものでもなかった。

（水野直樹）

Q17 朝鮮人・台湾人志願兵は「自発的」だったのか?

植民地で行われた特別志願兵の募集が「高倍率になった」ことを指摘して、それを「すべてが強制であったとはとても思えません」として、その「自発性」を強調し、特別志願兵制度の「成功」が徴兵制を導いたという見解がある(藤岡信勝/自由主義史観研究会、第四巻一六三―一六四頁)。

陸軍特別志願兵令は一九三八年四月、朝鮮に施行され、台湾には四二年四月に施行された。また四三年八月には海軍特別志願兵令が朝鮮と台湾に施行された。学科試験や口頭試問などによって選考された者は、数ヵ月にわたる訓練を経たうえで、志願兵として採用された。

訓練所入所者に対する志願者の倍率は朝鮮では七倍から六二倍、台湾では三〇〇倍から六〇〇倍近くの高倍率になった。台湾では青壮年のほとんどが志願したことになる。植民地の軍・総督府、役所、学校、警察などは、年齢、体格、思想、学力などの点で適格条件を備えている青年層に志願を強要する働きかけを行った。台湾では青年団員や保甲の壮丁団員が召集されて男子は特別志願兵、女子は特別志願看護婦の志願が申し合わされたり、役場、学校の職員らが全員こぞって志願する運動が展開された。それが高倍率の実態であった。志願を強いる過熱ぶりは第八一回帝国議会においても問題になったほか、一九四一年四月一六日の陸軍省局長会議で兵務局長が「強圧によって止むを得ず志願したというものが多い」と述べたように、陸軍省側も明確に認識していた。また、日本人の「学徒出陣」に続いて朝鮮人・台湾人学生に対する陸軍特別志願兵臨時採用が実施されたが、志願しない学生には、休学・除籍処分だけでなく軍需工場などへの徴用が待っていた。

では、膨大な志願の表明がなぜ必要とされたのか。日中戦争以後、日本軍の占領地域から植民地に対して、軍夫、通訳、俘虜監視員や労務者の派遣が求められ、それに応じて朝鮮・台湾両総督府は大規模な労務動員を実施した。朝鮮からは受刑者までもが海南島での出役を強いられている。かれらの身分は多くは「軍夫」「軍属」「工員」で、形の上では軍との契約による雇用であったため、「志願」が必要とされた。特別志願兵志願者のうち採用されなかった者がまわされることが多く、膨大な志願の表明が労務動員に利用されたのであった。たとえば、台湾先住民から組織された高砂義勇隊は「募集」方式で集められたが、すでに志願兵適格者はすべて志願していたため、志願兵か義勇隊員かの選考は実質的に警察官の判断に委ねられていた。

もう一つの理由は、特別志願兵制度に徴兵制実施のための水先案内役が期待されていたからであった。朝鮮・台湾総督府は、徴兵制を実施するためには志願兵制度の成功が前提であると認識していたため、強引な志願表明運動を必要とした。しかし、徴兵制導入は陸軍省軍務局が中心となっておし進め、一九四三年八月、朝鮮への導入時には「兵力保持ノ困難」を、四四年九月、台湾への導入時には台湾における旅団・師団の増設による「軍要員」充足を理由に施行した。どちらも人的資源の枯渇が最大の理由であり、志願の高倍率が徴兵制を導いたわけでもなく、ましてや特別志願兵制度の成功でもなかった。

（近藤正己）

Q18　韓国の人たちは「反日的」、台湾の人たちは「親日的」というのは本当なのか？

しばしば「反日的」な韓国人というイメージとの対比で、台湾人は「親日的」であり、日本の植民地支配を肯定的に評価しているということが指摘される。こうした見方の「正しさ」を証明するような台湾人の発言を探すことも、さほど困難ではない。たとえば、司馬遼太郎著『台湾紀行』で「老台北」として登場する蔡焜燦《ツァイクンツァン》は『台湾人と日本精神』という著書において、日本による植民地時代のインフラの整備などを称え、「日本人よ胸を張りなさい」と述べている。小林よしのり『台湾論』は、よき「日本精神」の継承者として李登輝《リドンホイ》元総統の姿をクローズ・アップしながら、「「日本精神」は日本が台湾に残したのだろうが、それを受け取ったのは相手が台湾人だからだ！　台湾と同様に植民地統治した朝鮮半島には「恨《ハン》」しか残らなかった」と述べ、「大陸と陸続きか、海に隔てられた島か」という地理的な条件の違いに台湾人と朝鮮人の違いの要因を求めている。

「島国」であることに原因を見出す小林の説明は荒唐無稽だとしても、蔡焜燦と同様の趣旨の主張を韓国人の発言のなかに見出すことは確かに困難である。李登輝のような現役の政治家については、さらに難しいであろう。この点で、「反日的」な韓国人と「親日的」な台湾人というステレオ・タイプなイメージには一定の根拠があるように思われる。

しかし、ここでまず考えなくてはならないことは、李登輝や蔡焜燦のような人物がはたして台湾人を「代表」しているのだろうか、ということである。この二人に共通する特徴は植民地期に青年だったこと、京都帝国大学の学生だった李登輝はもとより、実業学校を卒業した蔡焜燦も当時の台湾人のなかではエリートだったことである。軍隊生活のさなかに日本の敗戦を迎えた彼らは就職や職業を営む上で差別に直面することはなく、学歴という点では相対的に「特権的」な存在だった。他方、台湾人女性の多くは初等学校に通う機会もなく、なかには騙されて日本軍「慰安婦」にさせられた者もいた。李登輝を「日本精神」の継承者として称えた小林よしのり『台湾論』が、台湾人元「慰安婦」から強い抗議を受けていることを見過ごすべきではない。

台湾人にとっての植民地体験は決して一様なものではないし、単純に台湾人を「親日的」と決めつけることはできない。ただし、社会的な地位や性別によって植民地体験が一様でないことは朝鮮の人々についても同様であり、なぜ一部の台湾人が「親日的」発言をするのかという問題は残り続ける。そこには一九四五年以降の社会状況の違いが大きく影響していると考えられる。

一九四五年、日本政府がポツダム宣言を受諾することにより、朝鮮は独立し、台湾は中国に復帰することになった。しかし、ようやく日本の植民地支配から解放された人々は、それぞれ新たな難局に直面することになった。

一九四八年、朝鮮半島南部ではアメリカの援助を受けた李承晩《イスンマン》政権のもとで植民地期の「親日派」を裁くために「反民族行為に関する特別調査委員会（反民特委）」が発足した。しかし、朝鮮半島が東西冷戦の最前線としての性格を強めるなかで反「親日」よりも「反共」が優先されるようになり、反民特委の活動は中途半端なままに挫折、朝鮮人エリートの多くが大韓民国の政界・官僚組織・軍隊の中枢に残り続けることになった。

象徴的な事例は朴正熙《パクチョンヒ》である。朴は一九四二年に「満洲国」の新京（現在の長春）の軍官学校（予科）を卒業後、日本本国の陸軍士官学校に留学したエリート将校だった。植民地期のエリートたちは「親日派」とみなされかねない経歴を持つからこそ、公の場で「親日的」発言をすることはなかった。政・官・軍のエリートの「親日的」経歴は一種のタブーであり、南北分断によりこのタブーは凍結されてきた。タブーへの挑戦が多様な形で行われるようになったのは近年のことである。たとえば、「反民特委」の試みが流産に終わってから半世紀を経て、「民族問題研究所」という民間団体によって「第二の反民特委」を自任する活動が行われている。「親日派」への批判は、日本の植民地支配への批判であるとともに、解放後の政治体制や社会構造へのプロテストでもあり、南北分断体制下においていまだに実現されていない課題なのである。

他方、台湾における植民地期のエリートは対照的な状況に置かれた。日本の植民地支配から解放された台湾の人々の多くは「祖国復帰」を歓迎した。また、日本の植民地時代に強制的に解散させられた政治結社・台湾民衆党を再結成するなど、自主的な脱植民地化のためのさまざまな運動を展開した。しかし、半世紀に及ぶ植民地支配の結果として、戦後国民党とともに中国大陸からやって来た人々（外省人）と戦前から台湾に暮らしていた台湾人（本省人）との間には、深刻な社会的・文化的亀裂が生じていた。国民党は、植民地期の台湾人エリートを日本軍に協力した「戦犯」とみなし、「中国を知らず、文化を知らず、抗日を知らない」という理由で政治参加を否定した。公務員採用試験は「国語」としての北京官話で行われたために、官僚制度からも実質的に台湾人は排除された。台湾人の側では、日本による植民地支配からの解放が新たな植民地支配の開始であるという認識を抱かざるをえないような状況が生まれていたのである。一九四七年二月二八日、両者の対立は武力衝突を含むものにエスカレートし、エリート層を中心として二万人近くの台湾人が国民党軍により殺された（二・二八事件）。

一九四九年に布告された戒厳令は八七年にようやく解除された。翌八八年に台湾人として初めて李登輝が総統に就任、その後急速に民主化が進むなかで、「国民党の支配よりは、日本の植民地支配の方がよかった」というような発言も見られるようになってきている。しかし、その内実は、何十年ものあいだ台湾人エリートを政治の舞台から排除してきた統治体制への批判であり、日本の植民地支配への評価はそのための引き合いに出されているに過ぎないことが多い。二・二八事件以前の台湾人の言論を見ると、植民地支配からの解放を歓迎し、自由で平等な社会を建設しようという意欲がみなぎっていたことがわかる。だからこそ、外来の新たな統治者集団による再植民地化ともよぶべき事態との衝突も、いっそう激しいものとなったのである。

一九四五年以降の韓国・台湾の政治状況は、それぞれ異なった形で、日本の植民地支配の負債と直面せざるをえなかったことを示している。重要なことは、「親日的」な発言だけに着目して「日本の植民地支配はよいことだったのだ」と自己満足に浸るのではなく、その負債の全体像を正確に認識し理解しようとすることである。

（駒込武）

Q19　植民地期の開発は、戦後の台湾・韓国の経済発展に寄与したのか？

台湾・韓国がアジアＮＩＥＳ（新興工業経済地域、ニーズ）の一員としてめざましい工業化を遂げると、植民地期の開発と戦後の経済成長を結びつける議論が広くみられるようになった。たとえば、一九九五年に開かれたアジア政経学会の第四九回全国大会でも、共通論題として「アジアの一〇〇年と今後を考える――植民地政策と現代」が掲げられ、報告のなかに日本の植民地支配とアジアＮＩＥＳを関連づけようとする問題提起がみられた。

しかし台湾・韓国を取り巻く戦前・戦後の経済環境は大きく異なっており、植民地支配がＮＩＥＳ化の直接の要因になったわけではない。

まず第一に、産業構造の違いがある。戦後の台湾・韓国は、輸出志向型の工業化を進めた。輸出された工業製品は、はじめ繊維や雑貨、のちには家電製品や造船、最近ではパソコンや半導体などにも広がっている。このうち家電や造船・電子などの産業は、植民地期にはほとんど存在しなかった。繊維工業は植民地にも存在したが、戦後は化学繊維が登場し、衣服生産（縫製業）が大規模に展開するなど、内容的に戦前とは断絶している。いずれにしても、植民地期に日本の移植した工業が、戦後の輸出を支えたのではない。

第二に、国際環境の違いがある。戦前の台湾・韓国の貿易相手をみると、もっぱら日本との移出入が中心だった。しかし、戦後は日本と並んでアメリカが重要な貿易相手国として登場した。アメリカは資本・技術・部品などを供給しただけでなく、ＮＩＥＳの工業製品の巨大な市場となり、その巨額の貿易赤字の裏づけがなければ、台湾・韓国はおろか戦後日本の高度経済成長も不可能であった。

第三に、財閥や国営企業の存在がある。韓国や台湾の経済成長には、財閥とよばれる企業集団が大きな役割を果たしたが、植民地期から財閥を形成していた例はほとんどない。とくに、台湾の台湾プラスチックや国泰、韓国の三星や現代など、重化学工業や流通で世界的企業となった財閥は、すべて戦後に発展したものである。逆に、韓国の湖南財閥など、植民地期の代表的な企業は戦後になるとむしろ勢力を失っている。また、台湾の大同は、植民地期にある程度の企業を形成していたものの、戦後の主力部門となった電器・電子は存在していなかった。さらに、台湾では三民主義を掲げる国民党が、中国石油・中国鋼鉄をはじめとする国営企業を創設したことも、植民地期と異なる大きな特徴である。

このように、台湾・韓国のＮＩＥＳ化の主な要因は、戦後のアメリカを中心とする世界市場の形成と、開発独裁政権の登場による新たな経済政策の推進であった。これに対して、植民地期の工業化は量的にも質的にも比較にならない水準にすぎなかった。それは同じ戦前に植民地だったインドと同じ程度だったが、インドは戦後になってもＮＩＥＳになることはできなかったのである。

（橋谷弘）

Q20 植民地支配に対する賠償・補償はこれ以上必要ないのか？

戦後補償問題はすべて解決済みとする言説がある。しかし、駐韓大使・外務事務次官をつとめた須之部量三氏は、「一連の戦後処理を考えると、日本の経済力が本当に復興する以前のことで、どうしても日本の負担を〝値切る〟ことに重点がかかっていた。今となってみると、条約的・法的には確かに済んだけれども、何か釈然としない。不満が残ってしまう。そのへんが、今後とも日本の品格あるいは〝国徳〟とでもいうべきものが、望まれながら出てこない」と述べている（『外交フォーラム』一九九二年二月号）。なぜだろうか。私なりに以下、考えてみたい。

外交的解決ができなかった台湾については、戦死者遺族等への一時金支給や軍事郵便貯金などの清算、生命保険の払い戻しで、個人に支払ったものだけで七四五億円に達する。同じものが含まれる韓国（人口は台湾の二倍強）には、一括して一〇八〇億円（三億ドル）を政府に供与して「解決」となった。東西冷戦を背景とする政治外交的解決が、何を残したかの一端がうかがえよう。

戦後日本は、約七年間連合国の占領下におかれ、一九五二年四月の対日平和条約発効によって主権を回復した。同条約第二条には、日本は、朝鮮、台湾に対する「すべての権利、権原及び請求権を放棄する」とあり、さらに第四条には、両地域に関する財産、請求権の処理は、「日本国とこれらの当局との間の特別取極《とりきめ》の主題とする」とある。しかし、サンフランシスコ講和会議には、朝鮮のどの政府も、中国のどの政府も招請されなかったため、別途二国間で解決をはからざるを得なかった。

日中間では、一九五二年四月、台湾の蔣介石政権との間に日華平和条約が調印され、第三条に、台湾に関する請求権処理は「日本国政府と中華民国政府との間の特別取極の主題とする」とされた。しかし、それが締結されないまま、一九七二年九月の日中共同声明によって、同条約そのものが「終了」を宣せられた。

一方、朝鮮に関しては、一九六五年の日韓条約により南半分（韓国）との国交正常化がはかられ、日韓請求権・経済協力協定が締結された。同協定は、対日平和条約第四条にいう請求権問題の解決のため、「無償三億ドル、有償二億ドル、民間信用三億ドル以上」を日本側が供与することによって、請求権問題は「完全かつ最終的に解決されたこととなることを確認する」とされた。もちろん、北朝鮮との間では何らの解決も図られていない。

一九七七年八月、台湾在住の元日本兵および遺族が、日本政府に一人五〇〇万円の補償を求めて東京地裁に提訴したことから、台湾の戦後未処理問題が明らかになった。一審、二審、最高裁いずれも棄却判決だったが、東京高裁判決の「日本人と比較して著しい不利益を受けていることは明らかであり、……早急にこの不利益を払拭し、国際信用を高めるよう努力することが、国政関与者に対する期待である」との付言を受けて、一九八七年と八八年に特別立法が制定され、戦死者遺族及び重度戦傷者だけに、一人二〇〇万円の弔慰（見舞）金が支給された（対象者約三万人）。

戦後五〇周年を前に、日本政府は、九五年度予算で未払い給与、台湾の軍事郵便貯金などの確定債務を当時の一二〇倍に換算して清算することとし、総額三五三億円を計上した（支払い受付は二〇〇〇年三月まで)。支払い総額は約一二八億円である。政府の確定債務清算を受けて、九六年一二月、生命保険会社一五社も、同じ一二〇倍で約二五万件の保険料の払い戻し、保険金の支払を決定した。二〇〇一年九月末現在の支払い件数は約一万五千件、支払総額は約一七億円という。

韓国は日本が供与した無償三億ドルの一部を使って、対日民間請求権申告法などを制定し、死亡者一人三〇万ウォン(当時約一九万円)、債権一円につき三〇ウォンが、個人補償された。その総額は九一億八七六九万ウォン(約五八億円)で、三億ドルの五・四%に当たる。私は、九〇年八月、ソウルに太平洋戦争犠牲者遺族会を訪れた時、「会は七三年にできたが、何か行動を起こそうとすると、いつも幹部が情報部に呼び出された。民主化宣言以降ですよ、私たちが動けるようになったのは……」と聞かされた。冷戦体制が彼ら・彼女らの声を封印していたのである。同会は、死者一人一〇〇万ウォンを要求していたという。

日韓間における「解決」後も、①サハリン残留韓国人問題(一時帰国または永住帰国者のための恒久的施設などへの拠出)、②在韓被爆者問題(四〇億円を拠出)、③「慰安婦」問題(「補償に代わる措置」として女性のためのアジア平和国民基金を設置)に対して、一定の措置がなされた。政府がこうした対応策をとらざるを得なかったことは、戦後処理の欠陥を物語っていよう。しかも、九〇年代に入って、徴用工をはじめ多くの戦後補償裁判がおきている。

また、韓国は、日韓協定が在日韓国人に「影響を及ぼすものではない」(同第二条二項a)として、前述の申告法の対象者から「在日」を除外し、一方で、日本は援護立法の国籍条項で排除しているため、「在日」はどちらからも補償が受けられないままとなった。九〇年代に入って、「在日」の戦傷軍属など五人が、各地で補償を求めて提訴したが、いずれも棄却判決であった（一件のみ最高裁係属中）。しかし、国に何らかの措置を求める裁判所の「付言」が続いたこともあって、二〇〇〇年六月、ようやく平和条約国籍離脱者等弔慰金等支給法が制定され、重度戦傷者四〇〇万円、遺族二六〇万円の一時金支給が決まった（二〇〇一年九月末現在、申請一三八件、支給八九件）。訴訟を起こした石成基《ソクソンギ》さんを例にとると、同じ戦傷の日本人には現在三九〇万円の年金、累計で八〇〇〇万円が支給されており、その格差ははなはだしい。

ようやく特別立法ができたとはいえ、原告のひとり李昌錫《イチャンソク》さんは、恩給法の国籍条項のゆえに依然として補償から除外されたままである（最高裁判決を前に、二〇〇一年九月二一日死去）。また、台湾出身の林《はやし》水木《みき》さんは、ボルネオで日本軍の捕虜監視員とされ、戦後BC級戦犯として禁固一五年の刑に処され、七二年に日本国籍を取得したが、何の補償もない。九八年五月、宮崎地裁に補償を求めて提訴したが棄却され、現在控訴中である。いずれも特別立法の対象外である。

軍人・軍属だけでも朝鮮人約二四万人（うち戦死者二万二〇〇〇人）、台湾人約二一万人（うち戦死者三万人）が駆り出され、そのほかに徴用工など多数にのぼるが、その実数は不明である（日本内地だけでも七〇万人をこえる）。一方、日本国内では一四の戦後補償立法によって、軍人恩給、戦没者、戦傷病者、引揚者、被爆者などに累計約五〇兆円が個人補償として支払われ、今も続いている。在外資産の喪失を含めても対外支払い総額は約一兆円であり、内外格差は歴然としている。

（田中宏）

引用・参考文献（＊は、ハングルまたは中国語文献）

Q1

梶村秀樹「東アジア地域における帝国主義体制への移行」（冨岡倍雄・梶村秀樹編『発展途上経済の研究』世界書院、一九八一年）

＊李炳天『開港期外国商人の侵入と韓国商人の対応』ソウル大学校経済学科博士学位論文、一九八五年

中村粲『大東亜戦争への道』展転社、一九九〇年

＊延甲洙「開港期権力集団の情勢認識と政策」（韓国歴史研究会編『一八九四年農民戦争研究』第三巻、ソウル、歴史批評社、一九九三年）

＊李泰鎮『高宗時代の再照明』ソウル、テハク社、二〇〇〇年

Q2

山辺健太郎編『現代史資料二一　台湾一』みすず書房、一九七一年

戴國煇『台湾——人間・心性・歴史』岩波新書、一九八八年

駒込武『植民帝国日本の文化統合』岩波書店、一九九六年

小林よしのり『台湾論』小学館、二〇〇〇年

Q3

坂野正高『近代中国政治外交史——ヴァスコ・ダ・ガマから五四運動まで』東京大学出版会、一九七三年

梶村秀樹「朝鮮思想史における「中国」との葛藤」（『朝鮮史の枠組と思想』研文出版、一九八二年）

荒野泰典「近世の日朝関係」（歴史学研究会編『日朝関係を考える』青木書店、一九八九年）

糟谷憲一「近代的外交体制の創出——朝鮮の場合を中心に」（荒野泰典・石井正敏・村井章介編『外交と戦争〈アジアの中の日本史Ⅱ〉』東京大学出版会、一九九二年）

濱下武志『朝貢システムと近代アジア』岩波書店、一九九七年

茂木敏夫『変容する近代東アジアの国際秩序』山川出版社（世界史リブレット）、一九九七年

黄文雄『歪められた朝鮮総督府——だれが「近代化」を教えたか』光文社（カッパブックス）、一九九八年

Q4

森山茂徳『近代日韓関係史研究——朝鮮植民地化と国際関係』東京大学出版会、一九八七年

森山茂徳『日韓併合』吉川弘文館、一九九二年

海野福寿『韓国併合史の研究』岩波書店、二〇〇〇年

ボリス・パク『ロシアと朝鮮』（露文）、モスクワ、一九七九年

パク・チョンヒョ『一九〇四−一九〇五年の日露戦争と朝鮮』（露文）、モスクワ、一九九七年

Q5

海野福寿『韓国併合』岩波新書、一九九五年

海野福寿編『日韓協約と韓国併合』明石書店、一九九五年

坂元茂樹「日韓保護条約の効力——強制による条約の観点から」（関西大学『法学論集』第四四巻第四・五合併号、一九九五年一月）

荒井信一「第二次日韓協約の形式について――批准の問題を中心に」(『季刊戦争責任研究』第一二号、一九九六年六月)
李泰鎮「韓国併合は成立していない――日本の大韓帝国国権侵奪と条約強制」(『世界』第六五〇・六五一号、一九九八年七・八月)。その他、『世界』誌に一九九八年から二〇〇〇年にかけて掲載された、坂元茂樹、李泰鎮、海野福寿、荒井信一らの論考
海野福寿『韓国併合史の研究』(前出)

Q6
大蔵省管理局『日本人の海外活動に関する歴史的調査』第三冊、一九四八年
朴慶植『日本帝国主義の朝鮮支配』上・下、青木書店、一九七三年
宮田節子『朝鮮民衆と「皇民化」政策』未来社、一九八五年
岡本真希子「アジア・太平洋戦争末期の在日朝鮮人政策」(『在日朝鮮人史研究』第二七号、一九九七年)

Q7
古川宣子「植民地朝鮮における初等教育」(『日本史研究』三七〇号、一九九三年)
佐藤秀夫『新訂　教育の歴史』日本放送出版協会、二〇〇〇年
渡部宗助・竹中憲一編『教育における民族的相克』東方書店、二〇〇〇年
＊林茂生『日本統治下台湾的学校教育』新自然主義股份有限公司、二〇〇〇年

Q8
崔在錫『韓国農村社会研究』学生社、一九七九年

Q9
姜在彦「反日義兵運動の歴史的展開」(『朝鮮近代史研究』日本評論社、一九七〇年、『姜在彦著作選』第一巻、明石書店、一九九六年に再録)
許世楷『日本統治下の台湾――弾圧と抵抗』東京大学出版会、一九七二年
ニム・ウェールズ、キム・サン(松平いを子訳)『アリランの歌――ある朝鮮人革命家の生涯』岩波文庫、一九八七年(原著は一九四一年出版)
李亮「対韓政策の一側面――一進会の位置」(『九州史学』第八四号、一九八五年九月)
金東明「一進会と日本――「政合邦」と併合」(『朝鮮史研究会論文集』第三一集、一九九三年一〇月)
近藤正己『総力戦と台湾』刀水書房、一九九六年
若林正丈『台湾抗日運動史研究　増補版』研文出版、二〇〇一年
西尾幹二編『新しい歴史教科書「つくる会」の主張』徳間書店、二〇〇一年

Q10
大蔵省管理局『日本人の海外活動に関する歴史的調査』第一一冊、一九四八年
金哲『韓国の人口と経済』岩波書店、一九六五年
石南国『韓国の人口増加の分析』勁草書房、一九七二年
＊李俊植「日帝時代社会統計　一：人口」(『韓国現代史研究』第一巻第二号、一九九八年)

Q11
黄文雄『歪められた朝鮮総督府』(前出)
河合和男『朝鮮における産米増殖計画』未来社、一九八六年

Q12
河合和男・尹明憲『植民地期の朝鮮工業』未来社、一九九一年
堀和生『朝鮮工業化の史的分析』有斐閣、一九九五年
高成鳳『植民地鉄道と民衆生活――朝鮮・台湾・中国東北』法政大学出版局、一九九九年
橋谷弘「植民地支配と経済発展」(『歴史地理教育』第五五一号、一九九六年八月)
比較史・比較歴史教育研究会編『黒船と日清戦争』未来社、一九九六年

Q13
大蔵省管理局『日本人の海外活動に関する歴史的調査』第八冊、一九四九年
*鄭泰憲『日帝の経済政策と朝鮮社会』ソウル、歴史批評社、一九九六年
藤岡信勝/自由主義史観研究会『教科書が教えない歴史』第四巻、産経新聞社、一九九七年

Q14
水野直樹編『戦時期植民地統治資料』(全七巻)柏書房、一九九八年
山田昭次「植民地支配下の朝鮮人強制連行・強制労働とは何か」(『在日朝鮮人史研究』第二八号、一九九八年)
藤岡信勝/自由主義史観研究会『教科書が教えない歴史』第四巻(前出)

Q15
韓国挺身隊問題対策協議会・挺身隊研究会編(従軍慰安婦問題ウリヨソンネットワーク訳)『証言 強制連行された朝鮮人慰安婦たち』明石書店、一九九三年
「オランダ女性慰安婦強制事件に関するバダビア臨時軍法会議判決」(『季刊戦争責任研究』第三号、一九九四年三月)
吉見義明『従軍慰安婦』岩波新書、一九九五年
藤岡信勝『汚辱の近現代史――いま、克服のとき』徳間書店、一九九六年
アジア女性資料センター編『「慰安婦」Q&A――「自由主義史観」へ女たちの反論』明石書店、一九九七年
吉見義明・川田文子編著『「従軍慰安婦」をめぐる三〇のウソと真実』大月書店、一九九七年
秦郁彦『慰安婦と戦場の性』新潮社、一九九九年
*婦女救援基金会主編『台湾慰安婦報告』台北、台湾商務印書館、一九九九年
VAWW−NET Japan編『日本軍性奴隷制を裁く――二〇〇〇年女性国際戦犯法廷の記録』第一−四巻、緑風書房、二〇〇〇年
永井和「陸軍慰安所の創設と慰安婦募集に関する一考察」(『二十世紀研究』創刊号、二〇〇〇年一二月)

Q16
宮田節子・金英達・梁泰昊『創氏改名』明石書店、一九九二年
近藤正己『総力戦と台湾』(前出)

Q17
金英達『創氏改名の研究』未来社、一九九七年
宮田節子『朝鮮民衆と「皇民化」政策』(前出)
近藤正己『総力戦と台湾』(前出)
姜徳相『朝鮮人学徒出陣』岩波書店、一九九七年
藤岡信勝/自由主義史観研究会『教科書が教えない歴史』第四巻(前出)

Q18
金石範『転向と親日派』岩波書店、一九九三年
李景珉『朝鮮現代史の岐路』平凡社、一九九六年
*李筱峰『台湾史白件大事』上・下、台北、玉山社、一九九九年
黄文雄『韓国人の「反日」台湾人の「親日」』光文社(カッパブックス)、一九九九年
蔡焜燦『台湾人と日本精神』日本教文社、二〇〇〇年
小林よしのり『台湾論』(前出)
東アジア文史哲ネットワーク編『小林よしのり『台湾論』を越えて』作品社、二〇〇一年
森宣雄『台湾/日本　連鎖するコロニアリズム』インパクト出版会、二〇〇一年

Q19
服部民夫『発展の構図　韓国の工業化』アジア経済研究所、一九八七年
谷浦孝雄『台湾の工業化――国際加工基地の形成』アジア経済研究所、一九八八年

Q20
内海愛子ほか監修『ハンドブック戦後補償』(増補版)梨の木舎、一九九四年
田中伸尚『遺族と戦後』岩波新書、一九九五年
高崎宗司『検証　日韓会談』岩波新書、一九九六年
浜崎紘一『俺は日本兵――台湾人簡茂松の「親日」』新潮社、二〇〇〇年

(その他概説書)
『岩波講座　近代日本と植民地』(全八巻)岩波書店、一九九二―九三年
浅田喬二編『「帝国」日本とアジア』(近代日本の軌跡一〇)吉川弘文館、一九九四年
マーク・ピーティー(浅野豊美訳)『植民地――帝国五〇年の興亡』読売新聞社、一九九六年
全錫淡・崔潤奎(梶村秀樹・むくげの会訳)『朝鮮近代社会経済史』龍渓書舎、一九七八年
姜萬吉(高崎宗司訳)『韓国現代史』高麗書林、一九八五年
姜萬吉(小川晴久訳)『韓国近代史』高麗書林、一九八六年
山田昭次・高崎宗司・鄭章淵・趙景達『近現代史のなかの日本と朝鮮』東京書籍、一九九一年
中塚明『近代日本と朝鮮』(第三版)三省堂選書、一九九四年
朝鮮史研究会編『新版　朝鮮の歴史』三省堂、一九九五年
姜在彦『朝鮮近代史』平凡社ライブラリー、一九九八年
武田幸男編『朝鮮史』山川出版社、二〇〇〇年
黄昭堂『台湾総督府』教育社(歴史新書)、一九八一年

水野直樹(みずの・なおき)　1950年生まれ．京都大学名誉教授．

藤永壯(ふじなが・たけし)　1959年生まれ．大阪産業大学国際学部教授．

駒込武(こまごめ・たけし)　1962年生まれ．京都大学大学院教育学研究科教授．

和田春樹(わだ・はるき)　1938年生まれ．東京大学名誉教授．

板垣竜太(いたがき・りゅうた)　1972年生まれ．同志社大学社会学部教授．

河合和男(かわい・かずお)　1951年生まれ．

橋谷弘(はしや・ひろし)　1955年生まれ．東京経済大学名誉教授．

近藤正己(こんどう・まさみ)　1949年生まれ．

田中宏(たなか・ひろし)　1937年生まれ．一橋大学名誉教授．

(執筆順)

日本の植民地支配――肯定・賛美論を検証する　　岩波ブックレット 552

2001年11月20日　第1刷発行
2024年 5 月15日　第6刷発行

編　者　水野直樹・藤永壯・駒込武

発行者　坂本政謙

発行所　株式会社 岩波書店
〒101-8002 東京都千代田区一ツ橋 2-5-5
電話案内 03-5210-4000　営業部 03-5210-4111
https://www.iwanami.co.jp/booklet/

印刷・製本　法令印刷

ISBN 978-4-00-009252-4　　Printed in Japan

「岩波ブックレット」刊行のことば

今日、われわれをとりまく状況は急激な変化を重ね、しかも時代の潮流は決して良い方向にむかおうとはしていません。今世紀を生き抜いてきた中・高年の人々にとって、次の時代をになう若い人々にとって、また、これから生まれてくる子どもたちにとって、現代社会の基本的問題は、日常の生活と深くかかわり、同時に、人類が生存する地球社会そのものの命運を決定しかねない要因をはらんでいます。

十五世紀中葉に発明された近代印刷術は、それ以後の歴史を通じて「活字」が持つ力を最大限に発揮してきました。人々は「活字」によって文化を共有し、とりわけ変革期にあっては、「活字」は一つの社会的力となって、情報を伝達し、人々の主張を社会共通のものとし、各時代の思想形成に大きな役割を果してきました。

現在、われわれは多種多様な情報を享受しています。しかし、それにもかかわらず、文明の危機的様相は深まり、「活字」が歴史的に果してきた本来の機能もまた衰弱しています。今、われわれは「出版」を業とする立場に立って、今日の課題に対処し、「活字」が持つ力の原点にたちかえって、この小冊子のシリーズ「岩波ブックレット」を刊行します。

長期化した経済不況と市民生活、教育の場の荒廃と理念の喪失、核兵器の異常な発達の前に人類が迫られている新たな選択、文明の進展にともなって見なおされるべき自然と人間の関係、積極的な未来への展望等々、現代人が当面する課題は数多く存在します。正確な情報とその分析、明確な主張を端的に伝え、解決のための見通しを読者と共に持ち、歴史の正しい方向づけをはかることを、このシリーズは基本の目的とします。

読者の皆様が、市民として、学生として、またグループで、この小冊子を活用されるように、願ってやみません。

（一九八二年四月　創刊にあたって）

ISBN978-4-00-009252-4
C0336 ¥570E
9784000092524
1920336005
(…税)